DAS NICHTS

Am Anfang war das Nichts
Und war wirklich nicht da
Es bestand aus allem
Was es nicht war

Bis eines Tages
Den es nicht gab
Eines des Nichts
Zu etwas erstarb

Eines des Nichts
Zu etwas, das fehlt
Es hat sich als Eig'nes
Verlor'nes erzählt

Und ist am Ende
So wird vermutet
Aus Sehnsucht nach sich
Zu Leben erblutet

2 → FRE

Ein Buchstabe fehlt. Sprache wir frem? Ich enke, es kann mit em, was fehlt, gelebt weren.

Ich enke, wir können urchaus auf eines jener Elemente, mit enen wir uns verstänigen, verzichten. Wir sin ja trotzem, trotz es Fehlens in er Lage, unsere Geanken un leen mitzuteilen.

Meine Amen un Herren – wie wichtig ist ie Vollstänigkeit unserer Worte? Welche Beeutung kommt er Behinerung urch as Fehlen eines Buchstabens zu?

Lassen Sie mich unsere Sprache mit einem Gebäue vergleichen. Ein Haus, as auf mehreren Pfeilern ruht, verschieenen Trägern ieses Hauses. Ist einer ieser Träger nicht vorhanen, wir as Haus weiterhin bestehen bleiben, wir weiterhin bewohnbar sein.

Ich kann weiterhin verstanen weren, mein Enken un Fühlen über as Meium er Sprache vermitteln.

Och!

Meine Freune, ie Gäste, ie ich in mein Haus lae – un hier finet, begrünet urch ie an sich unbeeutende Behinerung eine Veränerung statt – ie Menschen, mit enen ich ree, mich verstänige, ie as Beürfnis haben, mit mir zu sprechen – es weren nicht iejenigen Menschen sein, ie sich urch as Fehlen einer Stütze es Gebäues meiner Sprache verunsichern lassen, meine Unfähigkeit in en Mittelpunkt essen stellen, was sie zur Sprache kommen lassen.

Aners gesagt: Ich were weniger Freune haben.

Aber as weren iejenigen Menschen sein, eren Aufmerksamkeit ich vertrauen arf. Menschen, ie wirklich hören wollen, was ich zu sagen habe.

As aber ist, enn ein zeiter Buchstabe fehlt, un ann ein eierer, ein rier?

As Haus meiner Ore üre ackeln, es üre schanken. Em Fehlen reier meiner Buchsaben komm eine unverhälnismäßig größere Beeutung zu, größere Ichigkei als em Fehlen nur eines meiner Buchsaben. Ich ere es um einiges scherer haben, mich mizueilen, Ihnen versänlich zu machen.

Ich arf nich so ie ie aneren geankenlos reen, einfach sprechen, ie meine Ore kommen. Ich habe Zugesännisse zu machen, sorgfälig auszuählen, in elche Ore ich mein Enken kleie. Ich muss auf Ore verzichen, muss Umege meiner Sprache gehen, ill ich von meinen Hoffnungen erzählen, meine Probleme eiergeben, meine Ünsche un Rauer.

ME

Ich ere noch versanen. Och nur mi Mühe, un manche Ore bleiben bereis auf er Srecke.

As nun äre, üre ich immer eier erau? Er viere Uchsae üre mir gesohlen – un ami nich genug, er üne üre auch noch ehlen?

Ün Uchsaen, meine Amen un Herren, üer ie ich nich verüge.

Ich ehaupe – ich enke, ass es möglich äre, in em Haus meiner Sprache rozem ie in jeem anerem noch immer zu ohnen un zu versehen.

Ich enke, ass Sie nach einer Zei es Hörens, einer Zei er Geohnhei ie Uchsaen, ie Räger es Geäues meiner Sprache, ie ehlen, nich mehr vermissen üren. Sie üren nich sänig urch ie ehlenen Uchsaen agelenk eren, verunsicher au Grun es Ehlens er Peiler, au enen as Haus meiner Sprache nich seh. Sie üren as Ehlen nich mehr emerken, nich mehr ahrnehmen, sonern hören, as ich Ihnen zu sagen hae, Ihnen mieilen ill.

Ich kann ie Norm er Sprache nich erüllen, och ich kann mich noch immer versänigen.

Meine Amen un Herren –

In ich enn verpliche, ie Orerung einer Mineszahl an Lauen zu erüllen, ami Sie erei sin, mir zuzuhören?

Ich eiß um eine große Zahl Menschen, ie summ rauern. Sill. Ihr Einen lei ungehör. Menschen, ie gelern haen, nich zu schreien, nich auzuegehren. Enn üren sie schreien, üren sie auegehren, üren sie soor au ie ehlene, au ie scheinar uneing noenige Zahl an Signalen veriesen eren, aus enen Sprache eseh un üer ie sie nich verügen.

Veriesen au ihre Unähigkei, egen er sie schreien, auegehren. Un ann ieer sill sein eren, summ. Rauern.

Ich eanke mich ür Ihre Geul un ich ie Sie, Ihr Vermögen, en Reichum Ihrer Sprache mi en aneren, ie eniger haen, zu eilen.

Vielen Ank.

BEKANNTE

4 →

IKARUS

GENESIS

Zieh Sehnen
Aus den Fesseln
Meiner Beine

Und binde sie
Der Engel gleich
Zu Schwingen

Dass ich die Sonne
Um Verzeihung küsse

Und Gott setzte sich und schuf die Geschlechtsteile des Menschen.

Es war ein trüber Tag und er hatte schlechte Laune. Und als er fertig war und sah, was er angerichtet hatte, sprach Gott: »Bei mir! Was habe ich getan? Das schaut ja grauslich aus. Das wird mir doch niemand anfassen, niemand benutzen!«

Und Gott setzte sich erneut und schuf den Sexualtrieb. Dann lächelte er und sprach: »So. Jetzt müssen sie.«

KLEINES FRÜHLINGSANFANGSGEDICHT

Im Frühling kehr'n die Kräfte wieder
Die Menschen schreiben schmutz'ge Lieder
Die Triebe sind reanimiert
Das ist mir Freitag so passiert

Ich wachte auf und bei mir lag
Die Liaison vom Donnerstag
Du lieber Suff ...! Ich dachte: Nein!
Was kann der Frühling grausam sein

Ich hab die Lust ganz höflich, sacht
Doch konsequent zur Tür gebracht
Kaum war sie raus, da merkte ich
Verdammt noch mal: Hier wohn ich nicht!

Ich hatte mir 'ne Lust gefangen
Und bin dann mit zu ihr gegangen
Das ist des Frühlings Übermut

Nun gut

TRAURIGES LIED

REFR.: Dieses ist ein trauriges Lied
Und wer traurig ist, der singt es mit
Dieses Lied ist krank und schief
Dieses Lied macht depressiv

Dieses Lied lässt traurig sein
Darum stimmt ein jeder traurig ein
Dieses ist ein trauriges Lied
Jeder singt es mit

Du bist fort, bist nicht bei mir
Ja, und so was kennt ein jeder hier
Jeder kennt den Herzeschmerz
Und der zieht so niederwärts

Und da unten ist die Hoffnung fern
Du bist fort, ich hab dich gern
Und du kommst nie wieder
Und das zieht so nieder

REFR.: Darum sing ich dieses traurige Lied …

EPILOG

Leiden Sie manchmal unter Verfolgungswahn?

Haben Sie manchmal morgens das Gefühl,
Sie müssten unbedingt aufstehen und zur Arbeit gehen?

Liegen Sie manchmal wach im Bett
und betrachten Ihren Ehepartner?

Spüren Sie manchmal eine gewisse Angst,
die Kontrolle zu verlieren?

An einem ganz gewöhnlichen Tag kann sich Ihr Leben
ändern! Mitten auf der Straße.
Die Autos werden zu kleinen, blitzenden Medaillons ...

Probieren Sie es! Öffnen Sie eins!
Und ein kleines Menschlein lacht Sie an,
ganz freundlich!

M I N N E

Not der Absicht – sie verhunzt
Alle Freude an der Kunst
Ziele rauben Wegen Sinne

Hohler Spaß, der zum Gewinne
Eingesetzt – die Lust vergeht
Wehe dem, der sich versteht

Der begreifend ein Gespinne
Zarter Fäden, gut begründet
Nimmt und lauthals sie verkündet

So wie Traum – die Weiterfahrt
Aller Kunst ist Gegenwart
Manchmal hält sie zögernd inne

Was dann Zukunft lautet – still
Dauert – weil die Kunst nicht will
Dass das Gestern ihr verrinne

Willst du träumen, dann beginne
Deine Bilder loszulassen
Nicht mit Absicht sie zu fassen

Wird dir nur das Schlafen sterben
Lass dich schauen, lass dich werben
Hockt in allen Menschen Minne

Zupft an Saiten uns'rer Sinne
Wenn Gewoll sie nicht mehr stört
Mensch hat leise aufgehört

SCHÖN
HEIT

... liegt im Auge des Betrachters
Geh zum Doktor und der macht das

Dass er neu zur Freude tauget
Wird der Bauch dir abgesauget
Ist die Nase schief – wie schade
Haut der Doktor sie dir g´rade

Dünner Mund wird aufgespritzt
Was tief hängt und nicht mehr sitzt
Wird gehoben – welche Lust!

Und:

Reicht das Geld fur eine Brust
Nur die zweite liegt nicht drin
Ist es dennoch ein Gewinn

Wenn eine Seite schöner ist
Du »and´rerseits« authentisch bist ...

DICHT
ERS
FRE
D   U
E

Schwäne fliegen durch meine Gedankengänge
Einhorn bläst seine Fragen
Der plötzliche Einfall eines Panthers ...

Ich mache einen Satz

D I E
K U L T
U   H   R

tickt nicht richt ich mich
nach ihren Schlägen sie mir
einen anderen Rhyth

muss vor
sichtig sein ...

muss mich nach meiner
inneren Unruhe richten

psst!

Meine sehr verehrten Damenschen redende Wesen sind wir bereits im Thema, beReiz der Sprache.

WILL KOMMEN WIR GLEICH ZUR SACHE.

Stellen wir Sprache zur Rede.

Stellen wir Sprache Fest, auf dem die Worte tanzen, dem Hören und Sagen nach der MeloDie wir als KinDer Sprache unserer Eltern folgend lernten.

Welt Welt zu nennen, Fasan Fasan, Wort Wort.

Wie einFach.

Wir nehmen uns Bedeutung heraus. Wir legen Bedeutung hinein heißt nein, ja ja.

Schließen redend einFach nach dem anDeren Inhalten wir uns orientieren, uns beGreifen in die SchubLaden unserer Sprache die nicht geringe Verantwortung aufGabe des Menschen zu reden, was ist das?

Zuerst einmal ist es gebildet.

Nichts aus sich entstanDennEs – Sprache – ist unser Werk. Unsere Worte sind unsere SchöpFunken.

Gesprungen, als der Geist des Menschen gegen die Wirklichkeit schlug er sich Namen vor, BeGriffe an dem Unfassbaren in uns und um uns verstehen zu können.

Ohne Anwesenheit eines Zebras, eines Mungos, ohne Sichtbarkeit von Räumen, Seele oder GeWissen Sie auf Grund meiner Sprache, was ich

Meine Worte geben Ihnen eine Vorstellung.

Sie sehen Worthe Ater.

Von mir GeSchaffenEs Worte, die nicht natürLicht an, Vorhang auf: Worte, die künstLicht aus, Vorhang – zu

Leben gerufen. Uns zu unterhalten.

Geräusch entpuppt sich als ein MediUm zu zaubern.

Der Klang meiner Laute – erWeckt in Ihnen BilDer Emu. Der KranIch rufe in Ihnen Erinnerungen wachTel. Reiche Ihnen ein GefüGeflecht aus Worten, einen Strauss aus Lettern.

Sie sehen aus Ton geformte VöGelassen vorbeimaschieRennen – wie ich es beStimme gebrauchentweder so oderart zeige.

Meine Worte sind meine Bestimmung.

Sie sind der mit nur weniGenau vierundzwanZig Buchstaben eingerichtete Schicksalon, da ich es vermag, dem WunDer Schöpfung zu ent

Sprechen.

Nach meiner Weise ich Worte anEinandergereihte KlänGebinde des Sagens, gestalte den Reichtum an Zeichen, über die ich verfüGebiete, Landschaften meiner Sprache – darin einGefangener Sinn sich frei gesetzt entfaltet.

Gehe dem VergnüGenuss nach meiner Lust und FreiHeiterkeit, den Sprachschatz, den ich haBesitze, mein Vermögen einzuSätzen zu formen,

die ich Silbe für SilBegreife als meine Kreatiohne Einschränkung der Möglichkeiten ihres Miteinandersartig, eigen artig –

wie ich mit Meiner Sprache Gesetze umgehe, mit

Sprache verkehre.

Wohl wissEntgegen einer schulmeisterhlichen Auffassung von Bildung, verstanden als eine Fügung der Himmel, denen ich es rechtzumachen haBeflissen, sauber, untadellch

Füge nicht meine PerSondern meine Worte!

Bin nicht geWild und unbändig, dass ich mich einer leidvollen Gram matischen Tortur unterOrdne meine Worte nach einem Muster – Muss-Terror! – bis sie nicht mehr sind als eine GehorSammlung, devote Knickse, Verbeugun

Gen dem Mekka einer starren, unabänderbaren Richtigkeit von

Sprache sei

Sound so und nicht

So?

Die Wahl meiner Worte entscheidet mein Geschick!

Ich bitte Sie einmal darüber nachzudenn als meiner Sprache SchöpVermag ich es liegt an mir die Gebote, die Normen der Bildung von Sprache zu befolGenauso wie sie es von mir verlangen.

Ich vermag es aber auch, mich mit FantaSie neu zu kreIhren Gesetzen zu verweigern.

Ich breche mit meiner Bestimmung!

Wir wären nicht die – meine Damen und Herren unserer Sprache, wir wären die Ner.

Unserer Worte SklaWenn wir dieses nicht vermochten. Wir währen UNS nicht – gegen unsere Bestimmung.

Unser SprachLos.

In unseren Wortendieren wir zur Ordnung der Kolibris. Dass uns die Vielfalter unserer Sprache nicht durcheinanderBringen wir sie Um. Ihr Singen nicht hören zu müssen.

Reden, das sich verwird bestraft.

Meine Damen und Herren – singen Kolibris?

Haben wir noch die Fähigkeit in unseren Gesprächen andere als die gewohnten, die erlaubten Beziehungen herzustellen, freimütig Worte miteinander zu wechseln?

Worte, die wir uns zuwerfen wie Bälle, auf denen getanzt werden darf.

Wieder getanzt! Wider die Angst, dass wir uns nur verStehen die Regeln, die Etikette des MiteinanDer

Sprache Fest – Würde zur Orgie!

Was spricht daGegen die bekannten Möglichkeiten des Umgangs mit Sprache ungewöhnlich zu verWenn das Sinngefüge unserer Worte aufbricht – zu den GestaDen Ufern allen BisheriGenial, fremd, unverständlIch komme zum Schluss –

zu einer anderen Fassung des Flusses unserer Sprache.

Ich denke, wir müssen nicht mehr als den Mut dazu haben Sie Dank für Ihre Aufmerksamkeit.

DIE MAUER

Es ist immer gut
einen Vorsprung zu haben

ZWEI
SAMT

Un	endlich lange Ich
Nach Tagen	wieDer Gibbon
Nach Ästen Fest	meiner Rückkehr
Verhaftet mich	Angst

Still	sein. Schreien nachHallt
In WänDenn	er ist armLos
Gesprungen die	gläserne Haut
Ihn zuRück	en platzt

Lieb	ende. Die Nähen
Sich zwei Munde	Zu. Öffnen
Hingegeben	zu WünScHänden
Wer ich währe	mich

BIN EIN CLOWN — EIN LIED

Ich weiß, ich bin ein Astronom, der die Sterne nicht versteht
Ich bin ein Fantast, der von Schmerzen nichts wissen will
Ich mach mir vor, dass ich alles weiß, was ich mir vormach, und ich weiß
Wenn ich stillhalt und hinhör, wie es ist, dann ist es still

Dann ist es still so wie es ist, dann bin ich laut, weil ich's nicht ertrag
Dann spiel ich Kasperl-Theater, mach einen Knicks für Applaus
Dann lach ich, weil ich weiß, dass du es magst, wenn ich lach
Und bin ich zuhaus, knips ich das Licht an und mein Lachen knips ich aus

REFR.: Bin ein Clown, bin ein Clown - so ein Clown, der weiß Bescheid
Spiel Theater, spiel die Liebe, die ich wirklich gerne hätt
Bin dein Freund, bin dein Freund - bis zur Unausstehlichkeit
Bin allein, bin allein - und im Traum tanz ich Ballett

Und im Traum reit ich auf Bergziegen zu meinem Glück
Einen Koffer im Gesicht - immer bereit, immer bereit
Dass ich dir folge bis an's Ende und das Ende, das kommt schnell
Dass ich dir nah bin und dann bin ich's und dann stolpert meine große Zärtlichkeit

Bin ein Clown, bin ein Clown ...

ZÄRTLICH ALLEIN

REFR.: Zärtlich allein, allein mit mir ...

Ich geh vor die Tür und klingel bei mir
Ich habe Sehnsucht, hab Sehnsucht nach dir
Sag ich zu mir und lass mich herein
Und dann bin ich mit mir zärtlich allein

REFR.: Zärtlich allein, allein mit mir ...

Ich koch schwarzen Tee und biet ihn mir an
Ich sag, dass ich auch Kaffee kochen kann
Dann sag ich Danke und nehm Kaffee
Trink ihn gemeinsam mit mir und dem Tee

REFR.: Zärtlich allein, allein mit mir ...

Erzähl mir, was los ist – was ist passiert?
Ich hör mir zu, ich bin interessiert
Ich plauder mit mir und wenn es dann lacht
Bin ich das – ich hab einen Scherz gemacht

Fast hätt ich vergessen – schau einmal hier
Was ist das? Schau doch! Naja, ich hab mir
Wie sag ich das mal? Gedanken gemacht
Und hab dir dies hier – naja, mitgebracht

Ich meine, wann hab ich dir das letzte Mal gezeigt
Dass ich dich gern hab?
Sag nicht, das wäre nicht nötig gewesen
Ich mag dich

REFR.: Zärtlich allein, allein mit mir ...

Komm doch mal wieder – du, es war schön
Ich möchte dich gerne wiedersehn
Ruf einfach an oder schau mal vorbei
Wie wär's am Mittwoch, so gegen drei?

Kannst du da?
Ja? Dann machen wir es fest
Sonst wird da nie was draus
Du weißt ja, wie das ist ...

Mittwoch um drei. Ich freu mich

EIN LIED

MUTZ URLU ECKE

KISSTORIES
SIEBEN
DER
HUBERT

20 →

Im Obergeschoss wohnte die Mutter, darunter die Kinder – er, Herbert, 42, und seine Gattin Elisabeth, kurz: Ellie, ebenfalls 42 – da hatte man anfangs gesagt, dass es doch besser sei, wenn die Frau etwas jünger ist, aber schon bald wurde klar, dass die beiden einander gefunden hatten. Wohl war Herbert etwas spinnerig und kam auf verrückte Ideen, trotz seiner seriösen Anstellung im Heizungswesen, aber zumeist lachte Ellie und erklärte die Ausfälle ihres Gatten damit, dass er ein Mann war.

Nun muss noch gesagt werden, dass es ein Zimmer gab, in dem Rainer gewohnt hatte, der Sohn der zwei, der mit 16 entschieden hatte, seine Eltern nicht mehr zu kennen. Das ist traurig, und es verrät auch ein wenig, wie das gute Ende dieser Erzählung daherkommen wird. So hatte ich schon überlegt, sie nicht aufzuschreiben. Was soll eine Geschichte, deren Pointe erahnt werden kann? Ist sie zudem recht abstrus, auch etwas rührselig, dann kann so ein Ende die schönste Erzählung ruinieren. Doch ein Leben begeistert ja auch nicht durch seinen Ausklang, sondern durch den Reichtum der Begebenheiten bis dahin.

Damit zurück zum Zimmer des Sohnes – dieses hatten die Eltern gelassen wie es war, mit den Popsängern an der Wand, den Schulbüchern im Regal, und dem Teddy auf dem Bett. Der Sohn der Wedenbecks war männlich und hatte sich in der Zeit vor seinem Auszug zu einem Rüpel entwickelt, mit dem nicht mehr zu reden war. Aber sein Teddy war sein Ein und Alles, der durfte nicht entsorgt werden, egal wie alt und zerfleddert er war. Mitgenommen hatte er ihn allerdings auch nicht.

So hockte der Teddy auf Rainers Bett, das war frisch bezogen, täglich wischte Ellie Staub, wobei sie anfangs mal weinte, mal wütend mit sich selber sprach, und später – es ist jetzt zwei Jahre her – wurde die Säuberung des Zimmers zur Gewohnheit, zu einer Pflicht, die achtete, dass eine böse Vergangenheit noch etwas Zukunft besaß.

»Wir könnten das Zimmer auch vermieten«, hatte Herbert einmal gesagt, und den Blick, den er dafür bekam, hätte er gerne fotografiert, aber er war nicht schnell genug.

Und auch Frieda, die Mutter, nicht von Ellie, aber die zwei verstanden sich gut – sie war eine resolute Dame, die nicht mit ihrer Meinung zurückhielt. Doch ging es um Rainer, hatte sie gelernt zu schweigen. Und da ihr Oberzimmer geräumig war und sie kurz nach Rainers Verschwinden einen Treppenlift bekommen hatte, den sie heiß und innig liebte – es wurde ja auch schon überlegt, ob sie nach unten zieht, aber sie lebte jetzt bald 40 Jahre im Obergeschoss …

Kurz gesagt: Also erkannte sie das »Museumszimmer« an, so nannte sie es, und lernte, die Bemerkungen, die ihr auf der Zunge lagen, herunterzuschlucken. »Ich muss täglich meine Pillen nehmen«, sagte sie einmal zu ihrem Sohn, als Ellie wieder Rainers Zimmer putzte, »die schmecken mir auch nicht.« Worauf Herbert nur meinte: »Ich werd es noch einmal ansprechen, das muss sein. Und glaub mir, dann bin ich schnell genug. Dann hab ich den Fotoapparat in der Hand!«

Wie viele Worte es doch braucht, bis es losgehen kann! Ich wollte gar nicht so viel von Rainer und seinem »Museumszimmer« erzählen, schließlich geht es um den Hubert. Und der war schon ein außergewöhnlicher Junge, auf den ersten Blick, und auf den zweiten noch einmal, aber anders. Doch der Reihe nach:

Es war ein Morgen, an dem Ellie aufwachte, die Augen öffnete und feststellte, dass sie nicht gut geschlafen hatte. Sie drehte sich zu ihrem Mann, bemerkte, dass er näher lag als gewöhnlich und – es war nicht ihr Mann! Ihr Mann lag eins weiter. Es war Hubert! Aber das wusste Ellie an dem Morgen noch nicht, sie stellte nur fest, dass in ihrem Ehebett ein junger Mann lag, friedlich schlafend, völlig unbekannt …

Frau Wedenbeck stand auf.

Sie schrie nicht, was verständlich gewesen wäre, aber den jungen Mann geweckt hätte, nein – sie beschied, dass alle Möglichkeit unmöglich sei, und ging in die Küche, um bei einer guten Tasse Kaffee festzustellen, dass sie geträumt habe, noch immer träumte, und dass es demnächst notwendig sein würde, aufzustehen und Kaffee zu kochen. Aller-

dings störte das Gefühl, dass sie bereits wach sei und die Unmöglichkeit möglich.
So schlich sie nach einem Schluck Kaffee zurück in das Schlafzimmer, da lagen ihr Mann und ein weiterer, es stimmte. Und es war zu spät zu schreien, das gelingt besser beim ersten Schreck als beim zweiten, also kehrte sie zurück zu ihrem Kaffee und mühte sich zu begreifen.
Gut ... Herbert war gestern mit seinen Freunden unterwegs gewesen, er war spät nach Hause gekommen. Ellie erinnerte, das Schließen der Wohnungstür gehört zu haben, sie hatte sich umgedreht, es dauerte, Herbert kam nicht gleich ins Schlafzimmer, später stieg jemand ins Bett ...
»Guten Morgen!«
Es war Herbert. Im Schlafanzug, allerdings mit Morgenmantel, das war ungewöhnlich.
»Sag, liegt da tatsächlich jemand ...« Ellie sprach es nicht aus. Es fehlten noch die Worte »im Bett«, aber das war unmöglich.
»Ja, das ist der Hubert.«
»Hubert?«
»Na ja – dass der in Rainers Zimmer schläft, da hättest du doch einen Aufstand gemacht, also hab ich gedacht, da schläft der bei uns.«
»Wer ist Hubert?!«
Herr Wegenbeck nickte, als sei es eine Antwort. Er holte sich eine Tasse, schenkte Kaffee ein, setzte sich. »Ich hab ja auch gedacht, dass es besser ist, wenn ich dich vorher frage«, erklärte er, »aber ich wollte nicht anrufen, weil du vielleicht schon schläfst. Und dann regst du dich so auf, das ist ja am Telefon – wenn ich das dann versuche zu erklären ...«
»Was?«
»Dass ich mal ...« Herr Wedenbeck mühte sich um ein Lächeln, aber scheiterte auf halbem Weg. »Ich wollte das mal ausprobieren«, sagte er, und Frau Wedenbeck überprüfte ihre Position auf dem Küchenstuhl, für den Fall, dass es zu einem Kampf kommen würde.
»Der Heutenbach hat abgesagt, und dem Flick war das recht, weil er ...«
»Komm zum Thema«, unterbrach Frau Wedenbeck, wobei sie jedes Wort einzeln sprach, und das ist ja eigentlich immer so, wenn Menschen reden. Aber erhält jedes Wort zusätzlich einen Paukenschlag, der mitklingt, wenn man Frau Wegenbeck länger kennt, also ... Dann ist der Spaß vorbei.
Entsprechend wurde Herr Wedenbeck etwas kleiner, aber nur kurz, dann entschied er, dass er sich nichts vorzuwerfen habe und nach siebzehn Jahren Ehe kann man ja etwas Festigkeit erwarten, und auch Verständnis.
»Du weißt ja, dass ich schon mal gesagt habe, dass ich nicht sicher bin, ob ich nicht auch eine Neigung habe«, mühte sich Herr Wedenbeck um die passenden Worte, und viel mehr musste er auch nicht sagen. »Was?!«, rief Frau Wegenbeck, und weil es endlich Zeit wurde, den versäumten Schrei nach dem Umdrehen im Ehebett endlich loszulassen, wiederholte sie noch einmal, nun erheblich lauter:
»Was?!«
»Na ja, und da bin ich mal in so ein Etablissement gegangen, weil ich dachte, dann weiß ich das endlich.«
»Du bist was?!«
Herr Wedenbeck wurde aufsässig. »Ja«, sagte er trotzig, »und dann nimmt man die ja auch mit ins Bett.«
»Das ist nicht wahr! Du hast in unserem Bett, neben mir, während ich geschlafen habe ...?«
Frau Wedenbeck bekam große Augen, eine Folge der Bilder in ihrem Kopf. Sie starrte ihren Mann an, dann hob sie die Hand, mühte sich die Bilder zu verscheuchen, wie Fliegen, denen es nicht erlaubt ist, sich auf die Frühstückswurst zu setzen. Aber die Fliegen waren zu schnell, sie wichen aus, kamen zurück.
»Guten Morgen!«
Der junge Mann stand in der Küchentür. Er lachte freundlich, er war halbnackt, er grüßte Frau Wedenbeck: »Guten Tag, ich bin Hubert. Sie sind sicher die Frau? Ihr Mann hat mir von Ihnen erzählt, nur Gutes.« Dann sah er zu Herrn Wedenbeck, meinte: »Kann ich deine Zahnbürste benutzen?«
Frau Wedenbeck saß auf ihrem Stuhl, fassungslos. Erneut rang sie mit dem Unmöglichen des Möglichen. Oder umgekehrt. Es führte zu einem »Guten Tag« als Antwort auf den Gruß des jungen Mannes, allerdings glaubte Frau Wedenbeck nicht, dass sie es war, die gerade grüßte. Und Herr Wedenbeck

sagte: »Ja, die rote«, dann besann er sich, fragte: »Aber wir haben doch auch Gästezahnbürsten, oder?« Er sah etwas hilflos aus, erklärte: »Ich meine, so eine Zahnbürste ist ja etwas sehr Intimes.«
»Im Alibert, linke Tür«, hauchte Frau Wedenbeck. Sie drehte den Kopf, sah zu ihrem Mann und flüsterte: »Sag nicht, du hast es getan?«

Wenn man eine kurze Geschichte schreiben möchte, dann ist es besser, sie nicht zu lang zu schreiben. Damit voran: Herr Wedenbeck wand sich, das machte es nicht sehr glaubhaft, dass er versicherte, dass nichts passiert sei, jedenfalls nichts Besonderes, aber wenn man etwas ausprobieren möchte, muss man das ja auch tun. Und Frau Wedenbeck kämpfte mit der Frage, ob es ihr helfen würde, Geschirr zu werfen, und was dann der junge Mann denken würde, und ob das wichtig sei? Im Weiteren fuhr eine fröhliche ältere Dame auf ihrem Treppenlift zu den unteren Räumen (sie hatte den Sockel mit Zebrastoff bespannen lassen, weil sie der Lift an ihre Kindheit erinnerte und an die Fahrt auf einem Karussell) – nun saßen sie zu dritt in der Küche, die Mutter erfuhr vom Vergehen ihres Sohnes, aus zweierlei Quellen. »Er hat einen Callboy mitgebracht«, stöhnte Frau Wedenbeck, und Herr Wedenbeck verbesserte: »Nein, das ist ein Stricher, das ist etwas anderes.«
Es folgte eine kurze Erklärung, die Frau Wedenbeck nicht hören wollte, während die Mutter erwähnte, dass sie schon beim Aufstehen bemerkt habe, dass dieser Tag ein besonderer sei. »Sieht er denn gut aus?«, interessierte sie sich. Worauf Hubert – wie aufs Stichwort – zurück kam aus dem Badezimmer, die Küche durchquerte auf dem Weg ins Schlafzimmer, um sich anzuziehen. Der junge Mann bemerkte den Zuwachs einer älteren Dame, er stoppte und ging artig hin, um ihr die Hand zu geben.
»Ja«, stellte Frieda Wegenbeck fest, »er sieht gut aus.«
Sie war begeistert. Ohne Abstriche. Was ihrer Schwiegertochter erneut die Fassung raubte, aber nur so viel, dass sie noch immer rechnen konnte. »Drei gegen eins«, stellte sie fest, »und das in meiner Wohnung!«
Hubert verschwand, trotz der Versicherung der Mutter, dass es nicht notwendig sei, dass er sich anziehe. Kaffee könne man auch trinken, wenn das Hemd noch im anderen Zimmer liegt. Und Frau Wedenbeck mühte sich, der Schwiegermutter, mit der sie sich bisher bestens verstanden hatte, klarzumachen, dass das Verhalten ihres Mannes, der ja ihr Sohn war, also – wie soll man mal sagen? Im Schlafzimmer! Neben der eigenen Frau! Die unruhig schläft, natürlich! Mit einem jungen Mann, unbekannt. Ein Stricher, also jemand, der es tut. Gegen Geld! Und nicht woanders. Im Ehebett! Neben der eigenen Frau! Die unruhig schläft, natürlich ...
»Das habe ich verstanden«, unterbrach Frieda Wedenbeck. »Und jetzt beruhige dich bitte, wir sind nicht ausgeraubt.«
»Ha!«, machte Ellie, und Herbert wollte auch etwas sagen, aber schon bei seinem Einatmer griff Frau Wedenbeck die Kaffeekanne und hätte den Kaffee wohl in das Gesicht ihres Mannes gekippt, wäre nicht in dem Moment Hubert zurückgekommen, nun vollständig bekleidet – und er mochte ein Käuflicher sein, aber das heißt ja nicht, dass dann auch andere vergessen sich zu benehmen.
»Kaffee?«, fragte Frau Wedenbeck.
Hubert nickte froh und setzte sich, damit waren sie zu viert. Ein junger Mann, gut aussehend, eine ältere Dame, erfreut, die Schwiegertochter, bissig beherrscht, und ihr Mann, der Sohn der älteren Dame, der nicht reden darf, weil es sonst sein könnte, dass er Kaffee im Gesicht hat, trotz Besuch.
»Sie sind also beruflich ...«, mühte sich Frau Wedenbeck um Worte, und Mutter Wedenbeck bestätigte: »Ja, das interessiert mich auch.«
Nun erzählte Hubert. Er müsse sich sein Medizinstudium finanzieren, erklärte er und fasste zusammen, dass Anatomie Anatomie sei, ob so oder so. Außerdem achte er darauf, mit wem er losginge und alles mitmachen würde er auch nicht. Aber, erzählte er dann mit liebevollem Blick zu Herrn Wedenbeck, den Frau Wedenbeck wahrnahm wie die Ankunft einer fremden Spezies aus dem All – und demnächst ist die Erde in fremden Händen ... Also, der Herbert, der sei ihm

gleich sympathisch gewesen, auch weil er so unbeholfen war – an dieser Stelle atmete Herr Wedenbeck ein, um an dem Gespräch teilzunehmen, aber Frau Wedenbecks Blick war deutlich, also ließ er es lieber.
»Für das Studium!«, begeisterte sich Frieda Wedenbeck, sah zu ihrer Schwiegertochter und meinte: »Siehst du, so schlecht ist die Jugend gar nicht. Es gibt auch welche, die sich kümmern.«

Niemand soll siebzehn Jahre Ehe unterschätzen. Es ist natürlich eine Frage der Bedeutung. Und ob Menschen miteinander reden können. Manchmal lieben es Menschen, nur mit sich selbst zu reden, besonders wenn sie Bilder im Kopf haben, wie Fliegen auf einer Frühstückswurst. Und dann lassen sie andere dabei zuhören, aber mehr auch nicht. Ellie Wedenbeck war eine gestandene Frau. Sie kannte das Leben. Es war nicht immer so, dass sie auch liebte, was sie kannte, aber sie hatte schon Einiges mitgemacht, nicht zuletzt den Verlust des Rainer, der sich vielleicht nie wieder melden würde. Also wusste sie eines sicher: Es ist nicht gut, wenn man nicht miteinander redet.
»War es denn …« Frau Wedenbeck zögerte, suchte nach einem passenden Ausdruck, wählte dann: »Erfolgreich?«
Hubert lachte fröhlich. »Nee«, meinte er, »der hat sich eher verirrt.« Er fügte hinzu: »Aber ich find das toll, das ist wirklich mutig. Er hat es mir gesagt, er will wissen, ob er schwul ist. Oder besser bi – er hat ja den Abend auch sehr viel von Ihnen gesprochen und dass es wunderbar ist mit Ihnen, also, dass Sie die beste Frau sind, die er je hat kriegen können.«
Frau Wedenbeck schmolz ein wenig, aber es war nicht recht. »Wenn das so wunderbar ist«, sagte sie, »wozu muss er dann noch rumexperimentieren?« Sie sah zu ihrem Mann, der nahm allen Mut zusammen, hob den Finger und fragte: »Darf ich mitreden?«
»Nein.«
»Aber macht Ihnen das denn Spaß?«, übernahm Frieda Wedenbeck. Hubert zuckte mit den Schultern. »Ich sehe es als Arbeit, die ist ja auch nicht immer lustig.« Die alte Dame nickte. »Und was kostet Kuscheln?«, fragte sie.
»Mutter!«
Frau und Herr Wedenbeck riefen es gemeinsam, und es heißt ja, dass man noch einige Jahre zusammenbleibt, wenn so etwas passiert. Und Hubert lachte. »Kuscheln mach ich auch so, aber nur bei älteren Damen mit Stil.« Es war ein Kompliment, vielleicht war es auch nicht ernst gemeint, aber es kam gut an. Frieda Wedenbeck nickte zufrieden und informierte: »Ich habe ein Sparbuch.«
Wieder kamen einige Jahre dazu. »Mutter!«, riefen Herr und Frau Wedenbeck, dann sahen sie sich an, erstaunt über ihre Einmütigkeit.
»Was ruft ihr immer ›Mutter‹? Ist es wieder so weit? Braucht ihr die Brust?« Die ältere Dame strahlte. »Glaubt mir, da liegt nicht mehr viel drin.« Sie sah zu Hubert, die zwei verbündeten sich, es war deutlich zu sehen. Trotzdem sagte Hubert: »Es ist vielleicht ganz gut, wenn ich dann mal geh.«
Nun waren es Schwiegermutter und Schwiegertochter, die wohl noch einige Zeit miteinander leben würden. »Nix da«, riefen sie, schauten sich entgeistert an, dann erklärte Ellie Wedenbeck: »Sie bleiben hier! Da gibt es noch eine Menge, was ich wissen will! Von wegen, es ist nix passiert. Das »nix« will ich genauer wissen, und wenn ich dafür zahlen muss!«
Hubert hob die Hände, wehrte ab: »Bitte, das ist mir zu viel Kundschaft auf einmal! Können wir mal das Geld vergessen?« Worauf Herr Wedenbeck sich erinnerte, plötzlich aufstand, um ins Schlafzimmer zu gehen, dorthin, wo seine Hose lag, darin die Geldbörse. »Ach ja!«, sagte er: »Du kriegst ja noch.«

»Du hast aber auch kein Benehmen«, schimpfte Frau Wedenbeck, »willst du deine Beute jetzt auszahlen, und fertig?«
Es brauchte den Vormittag. Hubert musste erzählen. Und nach einiger Zeit erhielt Herr Wedenbeck die Erlaubnis, auch seinen Teil hinzuzugeben. Er hatte Hubert angesprochen, man hatte sich schnell geeinigt, finanziell, dann hatte Herr Wedenbeck probiert,

den Arm um Hubert zu legen, was bereits sehr schwierig war – es erinnerte an das Experiment einer Ratte, die das erste Mal den Weg zu ihrer Belohnung lief, wobei Hubert mehr und mehr den Eindruck gewann, dass die Belohnung nicht wirklich lockte. Aber wer es nicht probiert hat, weiß es nicht – also machte Herr Wedenbeck tapfer weiter, orientierte sich an einem Pärchen, das gegenüber saß, legte die Hand auf Huberts Schenkel und bemerkte, dass sie ihm fehlte, wenn er sein Bier trinken wollte.

Viel mehr war tatsächlich nicht passiert, behaupteten beide Beteiligten, was Frau Wedenbeck nicht glaubte. Also gestanden sie den Höhepunkt ihrer Begegnung, den Testgriff in Huberts Schritt, aber da, so versicherte Herr Wedenbeck, fühlte sich seine Hand nicht wohl. Zum einen war es komisch, weil Hubert männlich war, zum anderen störte, dass sie für einen weiteren Testverlauf nicht allein waren.

So fragte Herr Wedenbeck nach dem Aufpreis für die Nacht, er wollte sichergehen, dass er nicht plötzlich doch Gefühle bekam, wenn es intensiver wurde. Das gab es, davon hatte er gelesen. »Und da siehst du mal, was für ein Vertrauen ich habe«, begehrte Herr Wedenbeck an dieser Stelle der Erzählung auf, »dass ich ihn mitbringe und das nicht heimlich mache!«

Frau Wedenbeck ließ sich nicht irritieren. »Du bist ein Spinner«, stellte sie knapp und nüchtern fest, und forschte weiter. Dabei wurde Herr Wedenbeck zunehmend unwichtiger, nun rückte Hubert in den Mittelpunkt – wie lange er denn studiere? – na ja, er fange demnächst an – und wo er wohne? – bei Freunden, aber da sei es sehr stressig grad – und ob er keine Eltern habe?

Es wurde still, als Hubert erzählte, dass er abgehauen sei und dass er keinen Kontakt mehr habe und ihn auch nicht wolle. Aber das ginge doch nicht, wandte Frau Wedenbeck ein, immerhin sind Eltern Eltern, und sie würden sich doch sicher Sorgen machen? Hubert schüttelte den Kopf. »Mein Vater ist ein Schläger«, sagte er, »und beide trinken.« Er sagte es mit nüchternem Ton, als spräche er von fremden Menschen, deren Leid ihn nicht betraf, dann erklärte er noch, dass der Stress anfing, als klar wurde, dass Hubert Abitur machen wollte, und dass es für ihn so war, dass er seine Eltern nicht mehr verstand, nicht mehr mit ihnen reden konnte, was noch möglich war, als er kleiner war und – na ja – als er noch gehorchte.

Frau Wedenbeck hatte Tränen in den Augen, Hubert sah es, guckte fragend zu Herrn Wedenbeck: »Hab ich was Falsches gesagt?« »Nein.«

Herbert nahm seinen Stuhl, rückte ihn zu seiner Ellie, die schluchzte: »Da hast du mir ja was Schönes ins Haus geschleppt« – und Mutter Frieda murmelte ein »Herr je!« Dann sah sie zu Hubert, fragte: »Junger Mann, was halten Sie davon, wenn Sie eine alte Frau auf dem Weg in die Stadt begleiten? Viel teurer als so ein Pflegedienst werden Sie wohl nicht sein, oder?« Jetzt guckte Hubert blöd, sah zu Herbert, der seine Frau umarmte, zu Ellie, die von einem Augenblick zum anderen still geworden war, nicht mehr sprach, nicht weinte, nur trauerte, weit fort.

»Ich meine, Anatomie ist Anatomie, oder?«, sagte Mutter Frieda, winkte Hubert, dass er ihr beim Aufstehen helfen sollte, und die Sache war beschieden. »Die zwei lassen wir mal allein«, sagte die alte Dame, dann lachte sie, sah zu dem jungen Mann und meinte: »Und ich wollte schon immer mal jemanden kennen lernen, den ich nicht vorher anrufen muss.«

Am späten Nachmittag kamen sie wieder. Mutter Wedenbeck hatte darauf bestanden, dass Hubert sie zurück in die Wohnung begleiten und dann da bleiben solle, weil es noch Einiges zu klären gäbe. Die Anspielung, dass die Zeit, die Hubert aufbrachte, bezahlt werden würde, schluckte sie runter, zu deutlich hatte sich Hubert verbeten, weiter als Kaufobjekt oder Leasingjunge behandelt zu werden. »Ich verkaufe Sex«, hatte er gesagt, »aber ich bin auch ein Mensch.« Worauf Mutter Wedenbeck ein zweites Mal schluckte und nicht sagte: »Na gut, dann nehme ich davon etwas.« Ein Scherz ist ein Scherz, aber wenn er zu häufig unterwegs ist, könnte er geglaubt werden.

»Ellie«, sagte Mutter Wedenbeck, »wir müssen reden.«

Erneut saßen sie in der Küche, zu viert, allerdings war es nun anders. Herbert hielt die Hand seiner Frau, und Hubert war gerührt. »Wenn ich solche Eltern gehabt hätte«, sagte er und biss sich auf die Zunge, weil Frau Wedenbeck wieder ganz feuchte Augen bekam. Immerhin wusste er inzwischen Bescheid, hatte von Rainer gehört und der Trauer der Frau Wedenbeck.

»Es gibt drei Möglichkeiten«, sagte Mutter Wedenbeck, und verbesserte sich sofort: »Nein, vier! Aber die vierte mag ich nicht.«

»Und?«, fragte Ellie.

Damit wären wir am Schluss. Es ist so gut wie alles erzählt, und die Pointe ist, wie bereits vorgewarnt, recht eigen, sie ist rührselig, und gewöhnlich braucht es mehr als einen Tag mit einem Morgen, der mit unangemeldetem Besuch beginnt, damit das Abenteuer Leben derartige Kurven fährt. Mutter Wedenbeck erzählte die vierte Möglichkeit: »Hubert hat gar keine Wohnung, das hat er nur gesagt. Und jetzt können wir ihn gehen lassen und es ist sein Problem.«

»Und?«, fragte Ellie.

Mutter Wedenbeck nickte resolut: »Es gibt in diesem Haus drei Betten. Da ist euer Bett, wenn wir erst mal für eine Nacht den Hubert noch mal bei euch in die Mitte legen ...«

»Auf keinen Fall!«, protestierte Frau Wedenbeck. Also zählte Mutter Wedenbeck weiter auf: »Das zweite Bett ist meins«, sagte sie, »und Anatomie ist Anatomie, aber ich denke schon, dass es da auch Grenzen gibt.« Sie zwinkerte zu Hubert, der zwinkerte zurück. »Nur glaube ich, dass demnächst die Tage kommen, wo ich nicht mehr so gut hochkomme, also – nur mal angenommen. Ihr seid aus dem Haus, niemand ist da und ich schaff es nicht mehr auf den Sockel vom Treppenlift ...«

Sie schwieg. Für eine kurze Zeit hing eine unangenehme Stille in der Luft, die Art, bei der man schuldig werden kann.

»Was meinst du?«, fragte Herr Wedenbeck. Er hatte verstanden und Ellie Wedenbeck schon längst. Sie saß da, hatte diesen Zug um ihren Mund, den sie zeigte, wenn sie kämpfte und genau wusste, wofür und warum. Aber er hielt nicht lange. Es war ein Tag, näher am Wasser gebaut. Ellie musste weinen, schon wieder. Dann aber raffte sie sich und sagte mit einer Stimme, der es nicht gut ging, die aber nicht nachgeben wollte und die wusste, dass die Zeit demnächst anders sein würde und vielleicht sogar grauenvoll, egal:

»Wir werden das Türschild austauschen.«

Die Wedenbecks hatten es gekauft, als Rainer sechs Jahre alt war. »Das ist dein Zimmer«, hatten sie gesagt, »und wir klopfen an, wenn wir hinein möchten.«

»Zehn Buchstaben?«, fragte Herr Wedenbeck.

Frau Wedenbeck nickte. »Wenn zehn Buchstaben das Gleiche kosten wie sechs Buchstaben, dann nehmen wir zehn«, erinnerte sie sich. Also hatten sie nicht »Rainer« auf das Schild schreiben lassen, sondern »Der Rainer«.

»Dann gehen wir morgen und lassen ein neues Türschild machen?«

»Ja«, sagte Frau Wedenbeck, sah zu Hubert und heulte noch einmal los, dann schnäuzte sie – es hörte sich an wie das Tuten eines Schiffes, das auf große Reise ging.

»Der Hubert.«

WENN ICH MICH VERLAUFE, BIN ICH WOANDERS … WENN ICH MICH VERSTEHE, BIN ICH BEI MIR?

WoWo 3. Satz, ohne Datum

LEHRGANG

Meine Damen und Herren – Sie alle waren mehr oder weniger in der Schule. Sie kennen die Situation. Die Aufsichtsperson des Deutschunterrichts legt uns ein Gedicht vor, und um sofort jegliche Freude daran zu verderben, werden wir gefragt:

»Was will uns der Dichter sagen?«

Mit der Erlaubnis zur Deutlichkeit: Es ist eine der wohl dümmsten Fragen, mit der aufzuwarten unsere Kultur in der Lage ist.

Er hat es gesagt! Er hat es sogar aufgeschrieben!

Und nun sollen die in ihrer Schulpflicht gefangenen Kinder mit eigenen Worten, während kulturell anerkannte vorliegen ...

Erlauben Sie mir einen Moment inneren Kopfschüttelns.

Worum es mir geht.

Ich habe Ihnen drei Gedichte mitgebracht, drei kurze Gedichte ...

Der Vorteil des Kurzgedichtes ist der der besseren Merkbarkeit, ein kurzes Gedicht kann ich in meinen Alltag mitnehmen, dort kann es mir Trost spenden, in schwierigen Lebenslagen – Sie geraten in Gefangenschaft ...

Meine Damen und Herren – ich möchte nun mit Ihnen gemeinsam versuchen das Gedicht wiederzuentdecken.

DIE VORTRAGSPERSON HOLT MESSER UND GABEL HERAUS

Und ich bitte Sie: Lassen Sie sich für einen Moment ein – auf die Schönheit des Wortes. Vermeiden Sie das Interpretative, lauschen Sie einfach auf den Klang.

Hören Sie auf – im Sinne des Aufhörens.

Vermeiden Sie Ihren Deutungswillen, geben Sie sich nur hin, genießen Sie – die GeNuss ist eine der Härtesten, die wir im Laufe unseres Lebens immer wieder zu knacken haben.

Das erste Gedicht, das ich Ihnen mitgebracht habe, ist ein Gedicht aus der Moderne, also etwas älter, ein Gärungsgedicht – modern spricht ja von dem GrundverWesen des Existenziellen, erst ist es neu und dann beginnt es zu modern.

Noch gesagt: Anzusiedeln ist dieses Gedicht im Ungefähren zwischen Ex und Im, also Pressionismus ...

Ich spreche Ihnen nun das Gedicht.

DIE VORTRAGSPERSON HEBT MESSER UND GABEL, SPRICHT

Ein Schaf
Eßmesser
Gabel
Friede

Den Rest

Ein wildes, ein lebhaftes Gedicht, eine Erzählung von tiefer, unverbundener Kraft. Unvermittelt stehen wir einer geringen, aber in ihren inhaltlichen Distanzen an Eindruck reichen Bilderzahl gegenüber ...

Meine Damen und Herren –

ich möchte Sie nun bitten, dieses Gedicht zu entschlüsseln, es auf seine Aussage zu befragen. Ich möchte Sie auffordern sich deutend zu nähern, dieses im Sinn einer Abschreckung. Ruinieren Sie Ihr Erlebnis Sprache, fragen Sie: »Was will uns der Dichter sagen?«

Sie werden erfahren: Gedichte sind tötbar. Sie werden erleben, wie aus einem Gedicht von eigenwilliger Schöne eine unbedeutende, geradezu telegene Aussage wird – wie vor einem Fernseher:

Es redet, aber ich muss nicht antworten.

Ich spreche das Gedicht noch einmal, bitte, setzen Sie Ihren interpretativen Verstand ein, verhalten Sie sich schulisch, zerstören Sie – um der Erkenntnis willen.

Ein Schaf
Eß messer
Gab el
Friede

Den Rest

Sprachware, meine Damen und Herren, von unterster Niveauansiedlung.

Poesie, reduziert auf die mindere Ebene des Verstehens. Ein Krimititel – ich weiß, was geschah: Ein scharfes Messer gab Elfriede den Rest.

Meine Damen und Herren –

ein Gedicht erfährt seine Profanisierung. Zur Klarheit einer Aussage seziert, frankensteinisch jenes andere Leben gerufen, da Mensch die Macht hat, aber die Schönheit nicht mehr ...

Worum es mir geht.

Gedichte, meine Damen und Herren, als Lebenspartner, Gegenüber eines ästhetischen Gesprächs, und nicht als willfährige Opfer unseres intellektuellen Gefledders, machtbesessener, interpretativer Wut ...

Ich habe Ihnen ein zweites Gedicht mitgebracht. Ebenfalls kurz, es handelt sich um ein Gedicht aus der Romantik – eine Epoche, die, wie schon das Wort sagt, zum einen geprägt ist durch einen Hang zur Länge, zur Ausschweifung, zum anderen durch Verrücktheit, das Schwärmerische ...

Roman-Tick.

Zentral steht häufig das Sexuelle, Menschen haben Worte gesucht für das, was wir heute zu sagen gewöhnt sind, wir haben das romantische Problem nicht mehr, leider ...

Menschen haben einen Mantel aus Worten über ihre Scham geschneidert. Heute sind wir da direkter, lassen Sie mich es so sagen – es gibt zwei Gründe, sich nackt zu zeigen:

Die Liebe und die Untersuchung beim Arzt.

In diesem Sinn spreche ich Ihnen nun das Gedicht, und bitte Sie zu lieben, zu begegnen, zu hören – zum Höh'ren ...

Geben Sie sich den Klängen hin, genießen Sie – bevor es zu spät ist und Ihr Wille zur Macht fordert das Opfer des Verständnisses ein.

Ich spreche Ihnen das Gedicht.

Gewisper
Markante Erden
Er war ein Mann

Ein kurzes Gedicht, zart – verschiedene Imaginationen bewegen mich ...

Zudem ein Gedicht, an dem besonders deutlich wird, welche verhehrende Wirkung – anders gesagt: Es ist wie im Mitmenschlichen. Wie grausam kann es sein, einem anderen Menschen zu sagen:

Ich verstehe dich!

Es sind Abschiedsworte. Alles Reden ist fraglos geworden, die Zweisamkeit ist erforscht. Es gibt keinen Grund mehr, zueinander zu reisen. Die Faszination des Geheimnisvollen ist erledigt. Statt den Rätseln der Liebe sprechen wir ihre Lösungen aus. Und wundern uns, wie wenig es noch zu sagen gibt.

Ich möchte Ihnen das Gedicht nun noch einmal sprechen, und wieder im Sinn eines negativen Beispiels.

Setzen Sie Ihren interpretativen Verstand ein, als Instrument der Entblößung des Geheimen, um Literatur, Poesie besser abheften zu können.

Gewißsper
Ma kante Erdenn

Er war ein Mann

Schade. Aber selbstgewollt.

Wir sind es selbst, wir tragen die Schuld an der Entwertung des Wortes, durch unser sezierendes Gründeln: Gewiß, Sperma kannte er, denn er war ein Mann.

Vergleichen Sie die Schönheit der Gedichtworte, als sie unerkannt auf uns zu wirken vermochten, mit der Enttäuschung einer verratenen Aussage.

Ich habe ein drittes Gedicht dabei.

Es handelt sich um ein Gedicht aus der Wowoetik, ein Gedicht, das mit der Umkehrung arbeitet, konsequent nach unserer Fähigkeit des Aufhörens fragt.

Stellen Sie sich vor, Sie sitzen in einem Restaurant, der Ober kommt auf Sie zu, er ist genervt, er spricht Sie an: »Mahlzeit! Haben Sie die Schnecken haben wollen? Immer das Gleiche genießen, ja?«

Sehen Sie. Das ist es.

Jetzt ist es gefragt, das interpretative Gehabe, mit dem wir Poesie gewöhnlich niederringen auf die Ebene unseres Verständnisses.

Gelauschen Sie, gehorchen auf das Wort. Gehören Sie dorthin, wo Sprache vermag Dichtkunst zu entfalten – inmitten von Alltag und Gefangenschaft.

Ich erlebe ein Gedicht, höh're Philosophie:

»Mahlzeit haben ... Sie die Schnecken ...? Haben wollen ... Immer das Gleiche genießen, ja ...«

Der Eros von Sprache.

Das Profane entkleidet sich zur Nacktheit, der nicht eine Untersuchung auf Mängel, sondern die Vorstellungskraft der Liebe folgt.

Mal Zeit haben
Sieh die Schnecken

Haben wollen
Immer das Gleiche
Genießen

Ja!

DER HUT, DER MINISTER UND DIE GERECHTIGKEIT

Also: Wenn ein Hut einem Mann gehört, dann kann er ihn aufsetzen und absetzen wann er will. Aber wenn der Hut sich selber gehört, dann kann er sich frei entscheiden. Wenn er will, setzt der Mann ihn auf und der Hut setzt sich wieder ab.

Aber der Hut gehört sich nicht. Das ist so. Und wenn sich was nicht gehört, dann ist das unverschämt. Jeder Hut ist unverschämt. Das weiß man nur nicht. Grundsätzlich ist ein Hut ein frecher Hut. Weil er sich nicht gehört.

So. Und das ist mit einem Minister anders. Das ist der Unterschied. Ein Hut gehört sich nicht, also kann er sich nicht absetzen. Wenn er das will. Da braucht er andere. Aber ein Minister – wenn der das will, dann setzt der sich ab. Weil: Ein Minister, das ist ein anständiger Mensch. Das ist ein Mensch, wie er sich gehört. Darum kriegt er auch eine Abfindung, wenn er sich absetzt. Nur der Hut, der kriegt nichts.

Und jetzt – nur mal gedacht: Wenn sich ein Hut für ein Amt bewirbt, und er kann sich nicht absetzen. Nur der Minister kann das. Der Minister kann den Hut absetzen. Aber der Hut nicht ... Dann hat der Minister einen Steuervorteil. Weil er den Hut absetzen kann.

Aber wenn der Hut der Minister ist und sich nicht absetzen kann – das ist dann gut für das Volk. Weil: Dann brauchen wir nicht so viel Steuern zu zahlen. Weil der Hut ja keine Abfindung kriegt. Die kriegt der Minister. Ja. Und der setzt sogar die Abfindung ab!

Das wollte ich sagen.

Dass es dann doch besser ist, wenn wir einen Hut als Minister haben. Obwohl er sich nicht gehört. Zum Beispiel in einer Kirche, wenn jemand gestorben ist. Da gehört sich ein Hut nicht, also – bei einer Dame schon. Aber nicht bei einem Minister.

Obwohl: Es gibt ja auch Ministerinnen. Und! Es gibt auch andere Kirchen. Wo das wieder anders ist. Das ist das Problem! Da muss man sogar einen Hut auf haben dabei. Da gehört sich das so. Da gehört sich ein Hut. Deswegen ist das auch immer die Frage, von welcher Religion ein Hut ist. Der ist ja nicht unverschämt, wenn er in einer anderen Kirche ist. Wo man mit Hut reingeht. Und dann – dann muss der Minister auch keine Dame sein, da müssen wir nur umdenken. Dann ist das anständig. Dann gehört sich das, und dann können wir auch einen Minister haben als Hut.

Nein. Einen Hut als Minister.

Weil: Das können wir ja abstimmen. Das ist eine freie demokratische Entscheidung, und wenn man mal so denkt: Da brauchen wir auch keine Kirche. Dann gehört sich der Hut und dann darf auch ein Hut kandidieren. Und das darf auch ein alter Hut sein. So.

Und dann gibt es einen Wahlkampf. Und da hat der Minister einen Hut auf, um zu zeigen, dass er besser ist als der Hut. Weil er den Hut absetzen kann, wenn er das will. Aber der Hut kann das nicht.

Nur ... Jetzt kommt ein frischer Wind. Und alle sehen es. Der Hut setzt sich ab. Im Fernsehen! Das hat er alleine nicht geschafft. Aber zusammen mit dem frischen Wind. Da kann der Minister gar nicht so schnell zugreifen, wie der Hut sich absetzt. Und da kann der Minister den Hut auch nicht mehr absetzen, wenn er das will. Der Hut ist ja schon runter!

Ja. Und dann geht der Minister, dann ist der beleidigt und setzt sich ab. Das wollte ich sagen. Und dann will er noch seine Abfindung haben, und die kriegt er auch. Da können wir nichts machen. Von der Steuer.

Aber er sieht blöde aus. Ohne Hut. Und das ist dann die Gerechtigkeit. Da hat der Minister Geld, aber er kann sich nicht mehr auf die Straße wagen. So.

Man kann nicht alle Gerechtigkeit haben. Aber ein bisschen Gerechtigkeit geht. Mit der Politik.

Das wollte ich sagen.

Y Y
FRAGEN STELLEN WIE HIRSCHE, MIT DEM ZIEL SIE LEBEN ZU LASSEN.

WOWOETISCHE PROKLAMATION, IMMER AM

16.11.

DAS WASSERHUHNGEDICHT

Es sprach der Hahn zum Wasserhuhn
»Lass es uns im Wasser tun«

»Das hab ich ja noch nie getan«
Sprach das Huhn zum Wasserhahn
Und wollt' schon flieh'n, doch floh zu spät
Der Hahn, er war so aufgedreht

Da kam ein Klempner und im Nu
Dreht der den Hahn gleich wieder zu
Und hat sodann, so wird erzählt
Sich mit dem Wasserhuhn vermählt

Worauf sie einen Sohn gebar
Der – na ja – etwas anders war

Er hat, was es alles gibt
Im Vaterladen sich verliebt
Bei einer Installation
Also – der Sohn ...

Das stand sogar in der Zeitung:
»Wasserhahn liebt warme Leitung«

Nun ...

Die Eltern hab'n sich abgefunden
Der Vater hat die zwei verbunden
Sie machten eine Therme auf
Und – so ist des Lebens Lauf

Da hat die Mutter von unser'm Hahn
Es auch im Wasser mal getan
Mit ihrem Klempner – und gebar
Ein Kind, das eine Dichtung war

Die ging in die Welt, hat sich erzählt
In Niagara sich vermählt
Kam zurück – mit Enkeln klein
Das Leben kann so herrlich sein!

Sieben kleine Tropfenfänger

Einer wurde Opernsänger
Einer Wasserfalldompteur
Einer U-Bahnkontrolleur

Einer Schnitzer, einer Schneider
Einer wurde gar nichts, leider

Und der siebte, Elmar-Friedrich-Hans
Der fand 'ne kleine Wassergans
Mit der er lebte – in wilder Ehe

Das Kind war eine Knoblauchzehe
Die dritte links an einem Knoblauchfuß
An meine Mutter noch 'nen Gruß
Die sagte immer: »Du sollst nicht lügen«

Und damit herzlich willkommen
Und viel Vergnügen!

Oder: Und jetzt ist Pause, viel Vergnügen!
Oder: Und jetzt geht es weiter, viel Vergnügen!
Oder: ...

SPIELUKE

Spieluke Spieluke träum

Braude Kloken, Rickelzugs
Matschken aus Pflütz und Grumste

Spieluke Spieluke träum

Drumrums ein Fluck, ein Zwargemann
Und gluck über sag, plotz di bar

Rummelt die Wasser – was?

Spieluke Spieluke träum

Singsing – dischnake
Singsing – dischnake dischnake

Im Kellerloch ein kleines Kind
Schnawet träum

Spieluke Spieluke träum

Braude Kloken, Rickelzugs
Matschken aus Pflütz und Grumste

Spieluke Spieluke träum

IM BRUNST

Froneichern verziere ich meine Brahmane
Schare mich schönern zu maltem Zweck
Umgriebe die Pracht, ein Lachen
Holzpert sich auf, flugs und weg

DER BIRNBAUM

Ein Glühwurm, der sich schön gemacht
Durchflog berauscht eines Frühlings Nacht
Zu eines Birnbaums Blüte hin

»Du Schönste, der ich verfallen bin
Mach auf – es ist Nacht, lass mich ein
Ich will dir Glück und Bestimmung sein!«

Sie tat's – und der in Liebe erglühte
Wurm bestäubte die Birnbaumblüte
Danach im Taumel flog der Galan
Sofort eine zweite, eine dritte an …

Und Monate später, als der Herbst genaht
Sah man die Früchte der freud'gen Tat
Es glühten Birnen in herbstlicher Nacht

Das hat mit seiner Liebe der Glühwurm vollbracht

DER ENTERICH

Ein gut gebauter Enterich
Der wollte in die Welt
Furcht, so sprach er, kennt er nich'
Was er von süßsauer hält

Wurd' in China er gefragt
Da hat er nur »Okay« gesagt

Tja. Pech gehabt

ELSE

Else war ein Rübenacker
Auf ihr stand ein Schaufelbagger
Stand so da – was auffällt
Er hat gar nicht geschaufelt

Und die Moral? Lust muss man haben
Um so 'ne Else anzugraben

DORNRÖSCHEN

Mit Küssen, mit kecken
Dornröschen zu wecken
Schlug sich Dorn für Dorn
Ein Prinz nach vorn

Durch einen Rosenwald
»Dornröschen!
Dornröschen, halt
Aus, denn ich komme bald!«

»Ja«, rief
Die Maid, die schlief
Im Traume tief:
»Mich zu erlösen
Aus dem bösen Bann
Schöner Mann
Komm an!«

Jahre vergingen

Im Winter hingen
Die Rosenköpfe runter
Litten unter der Kälte Macht
Wurden wieder munter

Sprossen neu
In des Lenzens Frühjahrspracht

Der Sommer kam
Der Herbst, er wich
Der Winter wieder nahte sich

Der Frühling
Ging ...

So sehr sich der in Liebe erglühte
Prinz die Rosen zu köpfen bemühte
Bemühten sich die durch einer Hexe
Bösen Fluch gewachsenen Gewächse
Den Weg zu Dornröschen nicht
Frei zu geben

Im Kampfe verging des Prinzen Leben

Da lag er –
Erstochen, erstickt, resigniert
Und er war nicht der erste
Dem das passiert!

Gerippe neben Gerippe lagen
Sie alle! Die es wagen
Wollten, Dornröschen zu befreien

Ach!

Sieh dort zwischen
Den Rosenbüschen
Die Gerippe-Reihen

Tote Königssöhne in Scharen
Die allesamt gescheitert waren

Tot – tot – tot!

Dornröschen in bitterer Not
Wälzte sich auf ihrem Lager

Wurde mager
Verlor an Gewicht
Sie aß ja nicht!
Schlief ja nur in einer Tour

Wurde dünner, die schöne Maid
Mit des Wartens langer Zeit ...

Was ist das?

Was krabbelt da
Vor dem Schloss so sonderbar?
Halt! Zurück!
Was willst du von Dornröschen?

Sie rief nach Prinzen
Nicht nach Fröschen

Hinfort! Du nasses Krötentier
Das ist ein ander Märchen hier!

Die Rosendornen, die spitzen
Werden dir den Leib aufritzen ...

Verflixt!
Der Lurch kommt durch!

Hopst in aller Ruhe, ganz gemach
Zu Dornröschens Schlafgemach
Hopst auf's Bett
Krabbelt zum Gesicht

Man glaubt es nicht!

Als wär der Frosch intelligent
Als ob er weiß, genaustens kennt
Wo's langgeht:

Kriecht an der Seite
Vorbei an den Rippen
Hoch zu Dornröschens süßen Lippen …

Ach so!
Das ist der Grund

Es sitzt eine Fliege auf dem Mund
Der Prinzessin –
Und putzt sich, macht sich fein

Fliege!
Das könnt dein Ende sein!

Zack!

Die Zunge saust aus dem Frosch heraus
Ein kurzes Kleben – dann ist es aus

Dornröschen erwacht

»Wer war's?
Wer hat ein End gemacht
Dem Schlaf, dem langen
Dem ich verfangen?

Wo ist der königliche Junge
Der mich erlöst mit seiner Zunge
Der Galan, der Schlimme?«

»Quark!«
Ertönt des Frosches Stimme

»Quark?
Um der Himmel ew'ger Gnade
Ihr Götter, nein!

Warst du das grade?
Soll das die Erlösung sein?
Hast du mich wach geküsst?

Mutter! Vater! Mir ist
Ein Frosch erschienen
Mich zu befreien!«

Durch des Schlosses Hallen
Drang der Jungfrau Schreien

Der König erwachte, die Königin
Die Minister …

Der Küchengehilfe fing
Sich eine Ohrfeige ein

Stubenmädchen und Lakaien
Stallburschen, Pferdesattler
Gouvernanten, Butler
Briefträger, Schlosspolizei …

Alle erwachten von dem Geschrei
Das Dornröschen entsetzt anhub

Sogar in den Bergen der Hirtenbub
Alle erwachten, wurden wach
Von dem Krach

Und freuten sich nicht wenig

»Dornröschen«
Sprach der König
»Es tut mir leid

Der Frosch hat nicht nur dich
Er hat auch mich befreit
Und alle hier …«

»Vater!
Der Frosch ist ein Tier!
Ich höre wohl nicht richtig?«

»Das, mein Kind, ist nicht wichtig
Der Bann ist gebrochen!

Ob ein Prinz kommt angeritten
Ein Bauerssohn herbeigeschritten
Oder ein Frosch kommt gekrochen

Versprochen ist versprochen!«

Und auch die Königin, die strickte
Nickte

»Nein!«, rief Dornröschen
»Ich ekel mich vor Fröschen!

Heiraten? So eine beliebige
Herbeigelaufene Amphibie?

Ich töte die Kröte!«

Und Dornröschen
Nahm den Frosch in die Hand
Warf ihn mit aller Kraft
Gegen die Wand

Ein Knall! Gespritz ...

Und vor Dornröschen stand
Ein wunderschöner, junger Mann
Der schaute die Maid zornig an

»Die junge Dame ist sich zu fein
Einen Frosch zu frei'n?

Na gut ...
Dann bist du für mich
Und meine Nächte
Auch nicht die Rechte

Außerdem –
Ich wollte sowieso nur die Fliege.«

Sprach der Jüngling
Wandte sich ab sogleich
Und hopste stolz
Zurück zu seinem Teich

Und die Moral von der Geschicht'?
Ich weiß es nicht

Das Leben ist hart und unerträglich
Täglich
Erweist es sich auf's Neue, wie
Das Leben zuschlägt – voller Ironie

Träume vom Feinsten
Beim Erwachen
Musst du Zugeständnisse machen

Träume vom Zusammenleben
Mit einem königlichen Mann ...

Das soll's doch geben
Dass auch ein Frosch
Eine Frau glücklich machen kann

Ein Frosch in der Hand
Und endlich wach
Ist besser als ein Prinz auf dem Dach

Dornröschen hat
Ihre Entscheidung bereut
Und wenn sie nicht gestorben ist
Bereut sie sie noch heut

Geht heimlich des Nachts zum Teich
Einen Frosch zu fangen
Nimmt ihn in ihre Hände

Kehrt zurück zum Schloß
Und wirft ihn dort
Voller Hoffnung gegen die Wände

Ansonsten ist nichts passiert

Vierteljährlich
Wird das Zimmer neu tapeziert

So ist das eben
Wie im Märchen, so im Leben

Manche Liebesgeschichten enden
Mit Flecken an den Wänden

WIE SCHÖN

Wenn mit Gelassenheit
Am Ende wir noch Kind
Trotz aller bösen Weltenzeit
Und nicht erwachsen sind

DER HIMMEL

Als sie begannen, den Himmel zu verkaufen, interessierten sich die Menschen wieder mehr für Mathematik. Sie riefen sich Zahlen zu, die ihr Eigentum angaben. Sie gründeten Nachbarschaften, stritten sich über Zölle, erfanden Geräte zur Manipulation des Vogelflugs. Einer Mutter aus dem Westerland, die ihren erheblichen Besitz unter dem Kopfkissen ihres Bettes verborgen hatte, gelang es schließlich, ein sehr großes Stück Himmel über dem Festland zu erwerben.

Sie wurde nicht glücklich. Sie hatte sich über die Jahre ihrer Niederkünfte Fähigkeiten im Sparen angeeignet, nun zerbrach sie an dem Erfolg ihres Besitzes. Dennoch starb sie zufrieden, denn in ihren letzten Tagen hatte sie ihr Eigentum vererbt: Den Himmel an den Himmel.

Das Testament wurde anerkannt, trotz der Klage der Kinder. Es gab wieder ein Stück freien Himmel auf Erden, für die Zeit von sechzig Jahren. Dann verfiel das Erbe, und ein Run auf den Himmel begann, wie ihn die Menschheit noch nicht erlebt hatte. Wer zuerst seine Fahne steckte, gewann.

Es war die Zeit der schwarzen Notare. Sie begleiteten die Jagd auf die Freiheit des Himmels, beglaubigten die Erfolge, und nicht selten kam es bei einer Mehrfachbeglaubigung zu einem heillosen Krieg jenseits aller Gesetze der Menschlichkeit.

Der Friede kehrte zurück, als aller Himmel wieder versklavt war. Und alle Menschen waren sich sicher: Es ist nicht gut, dass der Himmel frei sei. Nie wieder wurde er an sich selbst vererbt. Zuviel unschuldige Menschen waren gestorben, zuviel Leid war geschehen.
Niemand dreht die Zeit zurück.

WoWo 5. Satz 12.03.2006

E S
S I N D
J A
I M M E R
E R S T
D I E
ANTWORTEN
D A ,
D A N N
K O M M E N
D I E
F R A G E N

MÄRCHEN

Der Frühling brach ein. Es war schrecklich. Er hatte sich an einem der letzten Wintertage auf das dünne Eis eines Sees gewagt.

Der Frühling brach ein.

Sofort übernahmen die anderen Jahreszeiten die Aufgaben des Frühlings. Der Winter blieb etwas länger, in aller Vorsicht weckte er einige Blumen zu Tode, gerade rechtzeitig übernahm der Sommer, und in der Höhe des Herbstes, als erste Tage wieder zur Ruhe kamen, entschlossen sich die Jahreszeiten, den Menschen den Tod des Frühlings mitzuteilen.

Die Menschen nahmen es mit Gelassenheit. Sie hatten es kaum bemerkt. Nun lobten sie den Gestorbenen mit Liedern, Gedichten und Denkmalsreden. Alles war gut.

Da geschah es, dass ein junger Lenz an die Pforten der drei Jahreszeiten klopfte. Es war eine fatale Situation. Er behauptete, ein rechtmäßiger Abkömmling zu sein, aus der Liaison mit einer geflügelten Inspiration. Doch – wer brauchte ihn noch, den jungen Spund, der da vor der Tür stand? Nein, die drei Jahreszeiten schickten ihn fort. Der Frühling war tot. Es war besser, wenn alles blieb, wie es war.

Bis zu jenem Tag, da es wieder Sommer werden sollte. Auf einer morschen Bohle, die zur Überquerung des Flusses der Zeit diente, stand wippend der Sommer.

Nun ja ... Der Sommer brach ein.

Und das war wirklich eine Katastrophe. Wie sollten nur zwei Jahreszeiten all die Arbeit schaffen?

Wieder musste der Winter eine Überzeit leisten, und der Herbst machte sich auf, den jungen Lenz zu suchen. Nun brauchten sie ihn wirklich! Doch verdammt – vom Leben enttäuscht, hinzu arbeitslos und sinnentrüttet hatte sich der junge Lenz als Wächter eines Juwelierladens verdingt. Und er wog Rache in seinem Herzen. In nachtspäter Stunde ließ er den Herbst wohl in seinen Laden, schlug ihn dort aber nieder und beschuldigte ihn, als die Polizei kam:

Der Herbst brach ein!

Das Andauern des Winters hatte die Menschen hart gemacht. Sie inhaftierten den Herbst, hörten nicht seine verzweifelte Rede, und schon am nächsten Morgen fanden sie ihn. Er hatte sich, von der ungewohnten Enge seiner Zelle getrieben, mit den eigenen herbstlichen Händen ...

Der Winter brach ... zusammen.

Zurück blieb eine Welt ohne Wandel. Eine Öde, in der nichts mehr wuchs, erfror oder verwehte.

Ein Gleichstand ohne Gnade.

46 →

ESELS FROST

Es war einmal – und das kann ein jeder ruhig glauben – eine Zeit, da ging der Frühling dem Winter hinterher, der Sommer grüßte den Herbst, dort, wo es kalt war, fand sich immer ein Feuerplatz, und wo es sehr heiß war, gab es Flüsse und Seen mit kühlem Wasser.

Ich war ein Müller zu jener Zeit. Ich lachte gern, und wenn, dann aus vollem Herzen. Wo ich vorbeikam, wurde ich eingeladen, für den Tag oder die Nacht zu Gast zu sein. Wir trampelten uns mit den Füßen die Beine warm und aßen die Fröhlichkeit mit einem großen, dicken Holzlöffel.

Wenn ich alt bin, sagte ich zu mir, werde ich zu den Graugänsen ziehen und für das Ende meiner Tage auf ihren Eiern sitzen, bis es klopft und ein kleiner Gesell mit nassem Kopf neugierig aus der Schale guckt. Das war meine Idee für die Zukunft, darum konnte ich mit gutem Mut im Heute leben.

Doch eine große Not stand mir bevor, von der ich nichts ahnte. Es begann damit, dass mir, dem zu seinem Glück nichts fehlte, ein noch größeres Glück hinzugegeben wurde. Ich hatte mir einen Esel gekauft, der mir bei der Arbeit helfen sollte. Und mit der Zeit und den Tagen unseres Zusammenseins spürte ich eine große Liebe zu diesem Esel, eine Liebe, die wuchs und wuchs.

Mein Esel ließ es sich gut ergehen mit dieser Liebe, und genoss es wohl, dass ich schon bald meine Säcke wieder alleine trug und er nur nebenher laufen musste. Dann aber war ihm auch das zuviel. Er blieb stehen und wollte nicht folgen. Ich sollte alleine gehen, er wollte auf mich warten und in der Zwischenzeit einige saftige Disteln rupfen.

Ich war traurig und lockte ihn. Ich wollte nicht von ihm getrennt sein, wenn auch nur für kurze Zeit. Es schmerzte mich, dass er nicht die Freude hatte, mit mir zu gehen.

Doch was sollte ich tun? Ich liebte meinen Esel so sehr, dass ich umherwehte wie ein welkes Blatt im Wind, und nicht mehr wusste, wo ich herkam und wo ich hingehörte. Und weil alles Locken nicht half, zog ich den Esel an einem Seil hinter mir her. Er war störrisch und stemmte sich mit aller Kraft gegen meine Versuche, ihn mitzuziehen.

Glaubt mir, ich habe eine große Geduld gehabt. Dann aber packte mich der Stolz, ich wurde wütend und begann zu philosophieren: Um der Freiheit willen und damit ich kein Narr bin, Esel, werde ich dich schlagen, bis du Gehorsam lernst und mit mir gehst!

Ich richtete das arme Tier wüst zu, bis es mir leid tat und ich es pflegen wollte. Doch mein Verstand gebot mir, ihn weiterzuschlagen, denn noch immer war er nicht bereit zu folgen.

Die Klugheit und die Liebe, sie sind wie die Schwalben und die Winterzeit. Kälte vertreibt die Schwalben, und niemals werden die kleinen Vögel es schaffen, den Winter zu erwärmen.

Ich habe meinen Esel beinahe totgeschlagen. Bis er eines Tages fortlief. Und die Liebe blieb.

So wurde ich, was ich bin. Erst trug ich meine Säcke wieder allein und übte Lachen, wenn ich Menschen traf. Das gab ich bald auf. Ich wurde schneller alt, als die Zeit es mir erlaubte, und trug, auch wenn die Sonne schien, eine Kälte mit mir, die meine Haare weiß werden ließ, und als ich mein Weinen aufhörte, wurden sie hart wie gefrorene Wasser.

Meine Geschichte sprach sich herum und die Menschen nannten mich Eselsfrost, und sprachen sie von mir, dauerte es nicht lange, dass sie schwiegen.

Ich aber verließ meine Mühle und ging, meinen Esel zu suchen.

Es war eine lange und schwere Reise, da mir häufiger Trauer begegnete als Glück, und war es gleichviel, so schien mir die Trauer doch tiefer und stärker.

Einmal traf ich ein Kind, das war sehr alt. Es saß an einem See und fragte mich nach dem

Namen seiner Liebe. Es wollte den Namen zum anderen Ufer des Sees rufen, aber es hatte ihn vergessen, als es einmal ganz lange, statt nach der Liebe zu rufen, auf Antwort gewartet hatte.

»Warum gehst du nicht um den See herum und suchst deine Liebe?«, fragte ich. Aber das Kind sagte, dass es sich schäme, weil es doch den Namen vergessen hatte.

Ich ging, denn ich wollte nicht dabei sein, wenn das alte Kind den Namen wiederfand und erneut über den See rief. Ich fürchtete, dass es keine Antwort erhalten würde.

Eine halbe Tagesreise brachte mich um den See herum, dort fand ich einen Menschen, der hieß »Das Liebste«. Er bat mich um Stille und lauschte über den See.

»Warum rufst du nicht?«, fragte ich. Er antwortete nicht, legte den Finger vor den Mund und mahnte mich, sein Hören nicht zu unterbrechen. »Warum gehst du nicht um den See herum?«, fragte ich. Da senkte er den Kopf und sagte, dass er noch nicht gerufen sei.

Ich ging weiter, meinen Esel zu suchen. Ich fragte alle Menschen, die ich traf, ob sie ihn gesehen hätten, doch die Wenigen, die sich nicht vor meiner Kälte fürchteten, wussten nur von Eseln zu berichten, die treu ihren Dienst taten. Sie schüttelten den Kopf über mich, meinten, dass ich ein Dummkopf sei, einen Esel zu lieben, der meine Liebe nicht achten wolle.

Selten blieb ich auch über Nacht unter Menschen, denn die Wenigsten hatten genug Feuer, mich zu ertragen.

Einmal traf ich einen Dachs, in dessen Schwanz sich ein Fuchs verbissen hatte. Ich wollte dem Dachs helfen, doch er mahnte mich, nicht vorschnell zu urteilen.

Da sah ich, dass der Fuchs blind war, und ich erschrak. Es gab so vieles, dass ich in der Zeit meines Glücks nicht gelernt hatte. Und erst recht nicht in der Zeit meines Unglücks.

Ich habe meinen Esel wiedergesehen. Er ist jetzt der Freund eines kleinen Mädchens, dem es nichts ausmacht, dass er lieber nach Disteln Ausschau hält, als es spazieren zu tragen. Er kümmert sich nicht um die Liebe des Mädchens, er geht seinen eigenen Weg. Er ist noch immer der Esel, den ich liebe.

Ich habe mich nicht gezeigt. Ich weiß jetzt, wo er wohnt, und ich muss noch gehen, dem alten Kind am See den Namen zu verraten, den es rufen soll. Mein Haar ist weiß und ich heiße Eselsfrost. Aber an manchen Tagen tropft es aus meinem Haar, die Tropfen schmecken nach Salz, und es reicht noch nicht, dass die Farbe wiederkehrt.

Ich werde meinen Esel immer lieben. Ich muss meine Mühle wieder in Ordnung bringen. Es gibt Tage, da bin ich erschrocken. Weil ich ganz plötzlich gelacht habe.

DER SCHIMMEL

Im Grase ein weißes Pferd
Es ist gestorben
Die Seele ging in die Himmel

Das Fleisch liegt da
Es ist verdorben

Sieh auf dem Schimmel den Schimmel

DRAMA

Die Königin ging
Erhobenen Hauptes, stolz
Ihr erlaubt es, wollt's?

Schrie sie, wie sie
Den Thronsaal
Ihr ward mein Sohn mal!
Verließ

Verlies
Sprach der Königssohn
Mit dunkler Stimme Ton
Meine Order
Ich forder
Verlies

Er ließ
In den Kerker
Der Berserker
Die eigene Mutter

Du sollst mich
Nicht noch einmal nerven
Stoßen, werfen

Der Seher trat näher

Zerzaust, nackt
Ende erster Akt

Es ist Euch, Hoheit
Eine Zeit
Prophezeit
Verzeiht
Voller Leid

Tut mir leid

Gar Böses dräut
Bereut
Noch heut

Der König wurde fahl
Befahl
Pfahl

Nach echter Königsweise
Der Weise
Wenn die Einsicht fehlt
Wird gepfählt

Banause
Pause

Zweiter Akt

Von Reue gepackt
Der Königssohn
In Depression

Ein Stadion
Auf der Bühne
Mit Tribüne

Da stand er
Vor sich Panther
Vor sich Tiger

Vorsichtiger
Wär ich so gern gewesen doch
Hätt ich eine Mutter noch!

Warf er sich vor
Bevor
Er sich vorwarf
Vor
Die Bestien
Die kein Interesse hatten
Ihn zu belästigen

Gut dressiert
Uninteressiert

Weil er sie vorher gefüttert hat
Waren die Panther und Tiger satt

Eine Farce
War's!

Die Bestie wetzt
Die Krallen, jetzt
Denkst du entsetzt
Wird er zerfetzt
Doch bis zuletzt
Unverwundet

Theater
Tat er da!

Als reute ihn die Meuchelei
Heuchelei!

Großer Monolog
Er log!

Ich will büßen
Ich will bluten
Pause
Zwanzig Minuten

Und jetzt:
Das Drama
Da kam er

Krank
Stank

Er war am siechen
Es war zu riechen
Ganz übel!

Die hatten Kübel
Mit Unrat über die Bühne gestreut
Und jetzt hat er gereut
Aber richtig!
Sein Gesicht, ich
Seh das noch …

Es roch!

Er kroch
Über die Bühne, litt
Ich mit
Vierundvierzig Euro Eintritt!

Und überall Dreck!

Ich wollt ja weg
Raus
Aber: Gleich ist aus
Dacht ich – denkste

Der dritte Akt war der längste!

Text
Text
Text …

Die Verzweiflung wächst

Bind mich vom Los
Des Schmerzes los

Nichts mehr los
Aber
Gelaber

Es zielt der Lauf der Zeit
Nunmehr auf Gerechtigkeit …

Ein Chor trat vor

Alles Zombies, so am modern
Das Stück war modern
Alles Opfer

Und dann der Klopfer
Wo ich dachte
So, jetzt kommt nichts mehr
Kommt er

Wer?

Zweieinhalb Akte lang kein Ton
Dass der Sohn
Schon den Thron
Per Strangulation
Hat der seine Nachfolge
Bewürgt

Den eigenen Vater!

Jetzt trat er
Auf

Kam so mit Geschnauf
So asthma-dramatisch
Aus dem Drüben zurück

Mit so'm Drüben-Blick
So des Todes Macht …

Hat er aber gut gemacht:

Fluch des Lebens!
Dass vergebens
Des Vergebens
Ruh du
Sehnst
Wähnst

Du auch noch so todesnah dich
Bist durchwurmt schon – madig

Es lautet dein Verderben:
Du wirst niemals sterben!

Leben, das nicht endet
Der Tod ist dir gepfändet!

Nein!

So end ich
Sterbend auf immer lebendig?

Ja!

Der Himmel will's
Deine Qual, sie lautet Schimmelpilz!

Au, das saß!
Wie er da saß
Und jeder sah's

Wie ein Desaster
Wie er saß da
Und er war's ja
Ein Aas
Ein Schuft

Aus
Applaus

Raus
An die frische Luft

Mir war echt
Schlecht!

Von diesem ganzen Bil-Dung

Und dann hab ich den Fehler gemacht – ich hatte etwas Appetit, nach DEM Theaterstück! Da stand eine Frittenbude am Weg, da hab ich mir eine Currywurst gekauft – das erinnere ich noch am meisten, von wegen »emotionale Erinnerung« im Theater. Das war in der Straßenbahn. Ich konnte die Wurst gerade noch übergeben!

Ich bin doch kein Maso!
Das war so ...

Wenn am Gedärm sich
So ganz erbärmlich
An den Eingeweiden
Würmer weiden

Ein lebendiger Kadaver
Dem das jetzt klar war
Der Verrat
Was er tat
Aber dass er Soda

**HIER TRINKT DER VORTRAGENDE
EINEN SCHLUCK WASSER**

Leiden muss
Zum Schluss

Es faulet in Reue
Mir böse das Herz ...
Schmerz
Und Gewimmer

Aber so ist das immer
In Dramas

Das war's

FERNFAHRERLIED

Auf langen, immer gleichen Wegen
Der Sonne entgegen
Die unerreichbar fern zum Abend spät
»Wieder nicht erwischt ...«
Untergeht

DIE EWIGKEIT

»Wir sind die Ewigkeit!«
Riefen die Samen
»Der Geburten Kreis«

Und sie erschraken

»Es ist so weiß
Ist das das Laken?«

DAS HAUS MIT DEN BUNTEN ZIEGELN

Manchmal, wenn ich traurig bin, setze ich mich hin und denke daran, wie kurz die Zeit ist. Ist es nicht viel zu schade, traurig zu sein? Das hilft nicht immer, manchmal werde ich dann noch trauriger, weil es so schade ist.

Wenn ich dann am ganz traurigsten bin, hilft es mir, dass ich keine Lust mehr habe. Ich höre auf, traurig zu sein, weil es keinen Spaß macht. Ich meine, es kann ja auch wichtig sein, dass ich mal traurig bin, und es macht keinen Spaß, wenn ich immer lustig sein muss. Aber ich mag nicht, dass ich mich nicht verstehe. Das ist beim Traurigen das Schlimmste. Ich verstehe mich nicht. Und dann lass ich mich in Ruhe, weil ich gar nicht mehr weiß, wie ich mit mir reden soll.

Das ist anders, wenn ich lustig bin. Dann geht es mir gut und ich freue mich. Ich denk auch nicht darüber nach, dass ich lustig bin. Das brauche ich nicht zu verstehen. Es ist völlig unkompliziert.

Einmal bin ich aufgewacht, und ich habe mich gleich gefreut. Das war gut. Ich hatte den ganzen Tag noch vor mir, und konnte schon beim Frühstück darüber nachdenken, dass ich lustig bin. Zu der Zeit hatte ich keinen Hund, aber weil es mir so gut ging, bin ich einfach mit ihm vor die Tür gegangen. Ich habe immer noch keinen Hund, aber so lustig war es keinen anderen Tag mehr. Die Leute haben geguckt, weil ich Stöckchen geworfen habe, und wenn ein Schild kam, dass ich jetzt eine Leine brauche, bin ich einfach einen anderen Weg gegangen. So habe ich ganz neue Straßen kennengelernt, und weil ich schon am Vormittag am allerganzlustigsten war, bin ich zu einer Bank gegangen, habe mich hingesetzt und gewartet. Ich hatte ganz viel Zeit.

Und da ist es passiert. Ich sah ein großes Haus, aus riesigen Backsteinen gebaut, mit Ziegeln, die golden und grün waren, und die Sonne kitzelte die Farben. Das Dach des Hauses sah aus wie ein großer, lieber Hut, den es sich aufgesetzt hatte, um ein wenig umherzuwandern. Ich fragte eine Dame, was das für ein Haus sei, aber sie gab mir keine Antwort. Das warf mich etwas zurück, aber ich fragte noch eine Dame, dann einen Mann und schließlich ein Kind, das vor dem Porta des Hauses Hinkelkasten spielte.

So erfuhr ich, dass es das Herrenhaus war das eigentlich versteckte, geheimnisvolle Herrenhaus, von dem ich schon so viel gehör hatte. Und ich beschloss, dort hineinzugehen auf die Gefahr wieder traurig zu werden. Wei ich aber am allerganzmehrlustigsten war als jemals zuvor, war meine Angst so klein wie ein Spatz, den ich einfach in beide Hände nahm, und als sein Flattern aufhörte, betra ich das Haus und stand in einem großen, fein gekachelten Vorflur, darin viele Herren und auch einige strenge Damen zwischen Büfettischen standen und eine wichtige Pause machten.

Ich war ganz starr, und niemand sah mich. Würdevoll bewegten sich die Herren und Damen in langsamer, gleichmäßiger Manier, auf der Suche nach einer Position, einer Beziehung, einem Blickwechsel, und immer sah es aus, als wollten sie jeden Moment stehen bleiben. Doch ein großer Ernst trieb sie weiter, voller Ruhe. Sie hatten kleine Schnittchen in der Hand, dekorierte Obststückchen, Stielgläser mit Sprudel, darin sich mal eine Olive, mal ein dunkler Kandis befand. Einige gingen etwas gebückter, und ständig boten sie Mappen zur Ansicht, zur Unterschrift. Aber niemand gab ihnen mehr als einen Blick, der immer gleich war, von gleicher Zeit und Freundlichkeit. Auch mir wurden die Mappen hingehalten, ich schaute Stoffproben, sie waren von beeindruckender Schlichtheit, sie unterschieden sich, ohne dass ich erkennen konnte, worin? Auch sah ich Kunstwerke und Pläne von Niederlassungen, die so kompliziert waren, dass ich meine Starre aufgab und nickte.

Ein Hammerschlag erlöste die Ruhe. Ich hörte das Klappern von Schuhabsätzen, und Menschen strömten über eine Treppe in den Vorflur.

Es waren blitzende Fotografen, laut zeternde Leute mit Kameras und Mikrofonen, dahinter alte Menschen, die Kabel trugen und

...afeln mit großen, wichtigen Fragen. Ein heilloses Durcheinander folgte, das ebenso schnell endete, wie es begann. Für eine Zeit, die ich so kurz noch nie erlebt habe, setzten sich die eben noch würdevollen Herren und Damen witzige Kappen auf den Kopf, redeten vom Verfall der Ethik und der Notwendigkeit der Beschäftigung der Kinder vor Häusern und von Gerechtigkeit. Sie schnitten rote Bänder durch, ließen sich mit Autos und mit Spaten fotografieren, scheuchten Maskenbildner zu sich, gaben sich ständig gegenseitig die Hand, um sich dann in Sessel zu setzen. Ich wurde auch fotografiert, ich wurde gefragt, aber ich musste nicht antworten, ich gab meine Hand und setzte mich, stand wieder auf und entkam, indem ich bei der Beleuchtung half.

Dann war es vorbei, und gespenstig wie zuvor gingen alle Herren und die Damen noch einmal umher, versicherten sich, schauten ein letztes Mal die Mappen an, und durch zwei unterschiedliche Türen verließen sie nach und nach den Vorflur. Ich war der Letzte. Ich hatte die linke Tür genommen.

Staunend stand ich in einem großen, reich bestuhlten Saal, mit ausgestopften Vögeln an der Wand, und voll Verwunderung nahm ich wahr, dass sich viel weniger Menschen in dem Saal befanden, als eben noch hineingegangen waren. Eine ältere Dame bot mir ihren Platz an, verschwand lächelnd durch eine Klappe hinter dem Nebenstuhl. Ich begriff es nicht, ich wollte ihr folgen, aber es gelang mir nicht. Auch störte mich ein Klagen, dessen Richtung ich zuerst nicht ausmachen konnte. Dann sah ich den Redner, ich musste den Kopf in den Nacken legen, so weit oben stand er auf einer zerbrechlichen Plattform aus Metall. Er trug einen Sturzhelm und schimpfte, aber es war nicht zu verstehen, weil es so weit weg war.

Die wenigen Herren und Damen in den Stühlen ringsum lasen Zeitung. Ab und zu murrte einer, und die, die in der Nähe saßen, machten mit. Dann hörte der Redner auf, er bekam Geld und ging. Die ältere Dame, die mir ihren Stuhl angeboten hatte, kehrte zurück, auf gleiche geheimnisvolle Weise, sie stieß mich an und winkte mit einem Pensionspaket. Sie habe es geschafft, meinte sie, und ein dünner Mann kam dazu, verlangte eine Beteiligung, da er es doch gewesen sei, wegen der sie ihre Entlassung hatte einreichen dürfen. Sie küssten sich, Hand in Hand und glücklich gingen sie auf ein großes Saalfenster zu und traten einfach hindurch. Es gab kein Fensterglas, es war eine Täuschung.

Jemand schrie. Auf der Metallplattform stand ein neuer Redner, er hatte einen Kinderschopf dabei, den er ständig streichelte. Auch war hinter ihm eine Leinwand hochgezogen, die ihn noch einmal zeigte, aber viel schöner. Er war gut zu verstehen, er sprach von dem Ehrenamt der Herrschaft über Menschen und von Respekt. Aber das es auch wichtig sei, dass alle was zu essen haben. Das verlange Opfer.

Ich rief meinen Hund. Ich war müde. Vorsichtig verließen wir den Saal. Im Vorflur fand eine Sammlung statt, aber ich blieb nicht stehen. Der Spatz wollte nach draußen, und ich konnte ihn kaum noch halten. Es war Angst, eine seltsame Sorte, die sich nicht zeigte. Auch war meine Fröhlichkeit verwirrt, mag sein, dass ich sonst geblieben wäre. Ein wenig neugierig war ich schon. Aber ich wollte meine Fröhlichkeit nicht verlieren.

Beinahe wäre ich nicht herausgekommen. Ich musste an der Ausgangstür erst ein Kreuz machen, egal wo. Danach ließen sie mich gehen. Es war Abend geworden. Es gab keine Sonne mehr. Kurz fürchtete ich, traurig zu sein. Ich war es nicht. Ich war beides nicht. Ich war nicht traurig und nicht lustig.

Ich kann das gar nicht so richtig erklären. Ich glaube, ich habe eine große Erfahrung gemacht. Ich weiß noch nicht, ob das gut ist. Aber manchmal, wenn nichts mehr hilft, dann gehe ich da wieder hin. Oder ich schaue im Fernsehen die Herren und Damen aus dem großen, wunderschönen Haus mit den bunten Dachziegeln und dem Fenster, das gar kein Fenster ist. Seit ich weiß, dass es sie gibt, sehe ich sie mir an.

Ja. Und wenn ich groß bin, möchte ich auch einmal auf der Metallplattform stehen. Und dieses alles sagen dürfen. Mit meinem kleinen Spatz in beiden Händen und meinem Hund und so, dass alle Menschen ganz allerlustig werden. Aber sie müssen nicht.

Ich habe lange darüber nachgedacht. Ich glaube, es ist eine Frage der Bedeutung. Ich kann es auch anders sagen. Sie haben einen Hund, der nicht da ist. Und sie werfen Stöckchen. Sie haben auch einen Spatz so wie ich, nur er ist viel größer. Und sie möchten nicht weglaufen. Das möchten sie sogar dann nicht, wenn sie es tun.

Aber sie sind viel wichtiger als ich. Sie verändern die Welt. Das weiß ich jetzt:

Sie verändern die Welt.

WIEZ →

        wiez
     erst örte
  wort ezer stör
    tind ergi
       erde

       rord
    nung klag
 enst erbe nend
    lich zust
       erne

        nerk
     lärt stum
  pfen dens tump
    fend enst
       umpf

DIE SCHINDMÄHRE

Ein Flusspferd sehnte sich so sehr
Nach mehr

Also: Meer
Oder See
Nicht nur Fluss

Kam eine Fee
Gab einen Kuss

Wumm ...

Worauf es – na ja
Ein Seepferd war
Ganz klein ...

Das wollte es nicht sein

Als Flusspferd dick, mit viel Gewicht
Als Seepferd – das befriedigt nicht
Ganz klein!

Nein ...

Ein Seepferd sehnte sich so sehr
Nach mehr

Nicht See
Nicht Fluss ...

Kam eine Fee
Gab einen Kuss

Wumm ...

Kennen Sie Geografie?
Die Schindmeere – kennen Sie?

Das ist kein schönes Schicksal, nein
Da möchte man gerne Seepferd sein
Flusspferd auch – mit viel Gewicht
Doch kein altes Schindmeer nicht

Es sehnte, sehnte sich so sehr
Nach Fluss
Auch See

Nicht Meer ...

Kam ein Gewehr
Gab einen Schuss

Wumm ...

Böse brannte der Schmerz
Im Busen des Pferds

Im Sterben – der scheidende Blick
Wandte zum Gestern sich zurück
Die Zeit der Heimat – damals...
Im Fluss

Noch ein Schuss
Und ...

Vorbei
Ab zur Abdeckerei
Die ziemlich nass war – hinterher

Na ja ...
Das feuchtet halt, so'n altes Meer
Aber ist gut für Sülze
Salzig und ...

Egal – zur Moral:

Es konnte alles verarbeitet werden
Das ist das Gute an Pferden
Nur ...

Die Sehnen

Die hatten zu viel erlebt
Die weinten noch im Tod
Die waren nicht trocken zu kriegen

Darum hat man sie weggeworfen

Doch sie hörten nicht auf zu weinen
Und wurden zu einer Quelle

Die einen Bach gebar
Dann einen Fluss
Einen See

Und mehr ...

Ein Ozean
Ein riesiges Wasser
Das Teile der Erde verschluckte
So groß

Und wer darauf
Pferd ...

Wenn er nur genau hinhört
Der Erzählung der Wellen lauscht

Er hört die Geschichte
Von der Sehnsucht
Die zu Unzufriedenheit und Tod führte

Von der Grausamkeit
Eines Traums
Der in Erfüllung ging

Aber auch
Von seinem Glück ...

Ein Flusspferd sehnte sich so sehr
Nach Meer

Nur ...

Was rauskam, war eine Frisur
So vorne mittellang

Ja ...

Aus den Wogen des Tränenozeans entsprang

Ein Pony

Das fiel sofort einem Zahnwal zur Beute
Und wenn der nicht gestorben ist
Dann lebt er noch heute

Yipp!

DER SCHAUSPIELER

FÜR EINE PERSON UND EIN PUBLIKUM

Ich erinnere mich an einen Schauspieler, der sein Publikum bat aufzustehen.

Mit etwas Geduld erreichte er, dass einige aus dem Publikum seiner Bitte nachkamen und aufstanden. Der Schauspieler bedankte sich und sagte, dass er nun glücklich sei, denn er wünsche sich nichts mehr als ein Publikum, das sich wieder setzt.

Das Publikum lachte über diejenigen, die aufgestanden waren und sich nun wieder setzen sollten.

»Ich bin falsch verstanden worden«, sagte der Schauspieler. »Ich habe mich nicht bei denjenigen bedankt, die sitzen geblieben sind. Ich habe mich bei denen bedankt, die den Mut hatten aufzustehen. Es ist einfach für ein Publikum, sitzen zu bleiben. Aber ich wünsche mir ein Publikum, das sich wieder setzt.«

Menschen, die sich einlassen.

Sie haben den Mut, das Ungewohnte zu tun. Sie stehen auf und werden sichtbar.

Sie wissen nicht, was auf sie zukommt. Doch für einen Moment ragen sie aus der Masse der Sitzengebliebenen heraus. Bevor ihnen gesagt wird, dass sie sich nun wieder setzen sollen.

Und die Masse der Sitzengebliebenen lacht.

Warum wird soviel häufiger über die Menschen gelacht, die Mut haben? Warum lachen wir nicht über die Menschen, die feige sind?

Weil wir sie nicht sehen.

Sie sitzen mir gegenüber und ich kann sie nicht sehen. Es gibt keinen Grund zu lachen.

»Dieses ist meine Aufgabe«, sagte der Schauspieler. »Es ist mein Auftrag, Menschen zu zeigen. Menschen, die ohne mein Spiel unbemerkt bleiben würden. Die gewöhnlich nicht sichtbar sind. Menschen, zu denen wir aufsehen können. Über deren Scheitern wir lachen.

Es ist meine Aufgabe, mein Publikum zu bewegen. Ich will meine Aufgabe erfüllen. Ich könnte zufrieden sein mit einem Publikum, das dasitzt.

Ein Publikum, das da sitzt ...

Doch ich wünsche mehr. Ich wünsche mir ein Publikum, das sich wieder setzt. Die Voraussetzung dafür ist ein Publikum, das bereit ist, seinen Platz aufzugeben.

Ein Publikum, das wieder steht.«

Ein kurzes Stehen – Einstehen – für ein Verständnis – Einverständnis ...

Es ist nur eine Geste, ein Zeichen ähnlich dem Aneinanderschlagen der Hände – Beifall. Ein Publikum, das in Antwort auf einen Schauspieler nicht klatscht, sondern sich erhebt und sich wieder setzt.

Ich möchte um dieses Zeichen bitten.

Ich erwarte, dass Sie sich verweigern. Ich wünsche mir, dass Sie sich wieder setzen. Ich fordere auf zum Mitspiel und wünsche, dass Sie wieder stehen.

»Abend für Abend«, sagte der Schauspieler, »bis zu dem Schlagen Ihrer Hände oder Ihrem Lachen über das, was Sie gesehen haben, gebe ich auf, dass Sie sich verweigern.«

Bitte, stehen Sie auf.

P
R
N
E
D
G

A
A
U
R
N
S

NEUE

DINS

FÜR EINE FRAU
IM MITTLEREN
ALTERNATIV
ZUM
VOLLENDETEN
SATZ.

Ich weiß, dass Bernd etwas ungewöhnlich isst man ja zu Nudeln Rindfleisch habe ich noch nie besonders gerne gegessen, aber Bernd.

Wollte unbedingt in dieses neue Lokalreporter von Beruf verdient er nicht so vie erst einmal vorweg waren wir – Mutter ha noch gesagt einmal, wo wollt ihr denn hinten beim Zoo war das sollte so ein richtig schöner Abend werden, wo wir also los hab ich gesagt, sonst kommen wir noch zu später können wir noch ins Kinobel geht die Welt zugrunde genommen muss man sehen wo man bleibt das Auto stehen – mitten in der Stadt!

Kein Benzin mehr!

Glücklicherweise war da gleich eine Tankstelle ich natürlich fest, Bernd hat kein Geld dabei habe ich noch gesagt, ich nehme kein Geld mit mir kann er es ja machen Sie mal was dagegen!

Und natürlich bin ich es, die zurück soll mal eben schnell Geld holen wir alles nach, sagt Bernd hat neue Schuhe an, die drücken ihn krieg ich ja noch nicht einmal dazu, dass er sich Zigaretten holt, ohne dass er dazu gleich ins Auto steigt.

Nun war es schon dunkel, kalt ...

An sich bin ich nicht ängstlich ist in so einer Stadt ja auch überall die Geschichten, die man so mitkriegt man eins über den Kopf und wundert sicher werden Sie jetzt glauben Sie gar nicht, was ich für eine Angst hatte ich auch noch dieses Kleid an den Seiten aufgeschnitten und natürlich, wenn wir mit dem Auto fahren, nehme ich keinen Mantel mitten im Vergnügungsviertel!

Da bleibt Bernd das Auto stehen überall an den Ecken diese ...!

Und ich soll da durch den wirklich unsichersten Ort der Stadt dass er mal geht, schickt er mich fror.

Mir war das alles äußerst unangenämlich meine Fantasie können sich das wahrscheinlich nicht so vorstellenweise sehe ich da Sachen, die es gar nicht gibt sich alles, sagt Bernd auch noch: Geh durch den Wald, dann musst du nicht an den Leuten vorbei ihm ist das alles immer ganz einfach die Abkürzung, das sind zehn Minuten.

Und Sie können sich bestimmt schon denken, was jetzt kommt da so ein dunkler Typisch ich!

Geh auch noch durch den Wald!

Obwohl ich lauf also, was ich kann nicht so schnell – ich guck mich auch nicht um zu sehen, ob er mir hinterherrgottnochmal ich mir das Schlimmste aus was-weiß-ich-für-welchen Gründen habe ich eine Angst gekriegt man ja bei sowas alles passieren kann man a auf die unmöglichsten Ideen kommen da natürlich von der anderen Seite gleich auch noch so zweimal ist an der gleichen Stelle schon was passiert mir nicht nochmal!

Dass ich gehe und Bernd bleibt im Auto zurück konnte ich ja auch nicht, da war ja dieser andere gehen essen, danach ins Kino, dann trinkt man noch ein schönes Glas Wein.

Das waren vielleicht nur Spaziergänger.

Bernd sagt, das ist eine ganz gewöhnliche Paraneuerdings zieht er mich schon damit auf dem Hinweg im Auto – ich habe gesagt: Aber du lieferst mich auch wieder zu Hause ab jetzt mach ich das nicht mehr mit Hängen und Würgen komm ich zu Hause an der Ecke steht das Auto mit Bernd sagt:

Ich habe einfach alles erklärt er den Leuten, dass er kein Geld hat er gesagt, dass er den Personalausweis dalässt er mich durch den Wald laufen bei mir im Kopf Geschichten ab jetzt habe ich endgültig von sowas genug Geld muss man dabeihaben Sie sowas schon mal mitgemacht er mit mir nicht nochmal zu mir kommen von wegen Essen gehen und dann steht das Auto hat kein Benzin und er hat kein Geld dabei hätte das so ein schöner Abend werden können Sie mir glauben:

Nicht nochmal!

```
K     L     E     I
N           E
M           E
R     A     L
```

KLEINER MORAL

Der Mensch, der in sich Ordnung hält
Benötigt nicht der äuß'ren Welt
Wohlgebürgertes Gefüge

Hat nicht die Not, mit frommer Lüge
Und dem Zwang, stets Recht zu haben
Seinen Sinn zu untergraben

Sprach der Metzger, der die Lust
Schinken, Wurst und Hühnerbrust
Zu sortieren, nicht verspürte

Was zu seiner Pleite führte

66 →

**WILLST DU LIEBE
DANN
GE' DICHT**

EHELICHES

(FRAGMENTE ZUR NUTZUNG BEI HEIRATSANSPRACHEN)

Es ist etwas Besonderes:
Menschen, für die Ehe noch ein Verbindungswort ist und kein Zeitbegriff.

Es ist nichts für jeden. Ein guter Freund von mir ist Bäcker. Der sagt immer:
»Bloß nicht vermehlen.«

Doch wenn es gelingt ... Zwei Menschen, die den Mut haben und sich trauen.
Das erste Mal ist das schlimmste Mal.

Heiraten.

Ein Wort aus dem Anglo-Germanischen: High – das Hochgefühl ...
Und Raten: »Was ist passiert ...? Wo bin ich?«

Oder auch: Die Ratenzahlung. Die ist da auch drin. »Wann gehörst du mir?«

Etwas Neues beginnt. Jede Ehe ist ein Wunder.
Ein Aufbruch, eine gesteigerte Verletzung des Alltags.
Ein Komparativ des Lebens zweier Menschen, auf Grund einer Begegnung:

Erst ist alle Gewohnheit wund, dann wird sie »Wunder«.

Doch so ist es. Es reicht nicht, die Ringe zu tauschen, und alles ist geleistet.
Nun beginnt es erst. Der Verband zweier Menschen.
Die Antwort auf die gesteigerte Verletzung des Alltags, das »Wunder«.

Zwei Menschen, die sich verbinden ...

Bleibt nur zu sagen: »Gute Besserung«. Das ist doch der Sinn?
Dass es gemeinsam besser wird.

S T E I N

H U

D E R

R O

M A N

Z ___ E

Ja, es lud zum feinen Mahle
Er das Fräulein Hilde ein
Um sich ihr beim Räucheraale
So mit Lauch und Kerzenschein

Nun zu offenbaren – wollt er
Schon im letzten Frühling ja
Was ihm da doch noch zu holter
Und auch zu di polter war

Ja, vom Typ her mehr verlegen
Keineswegs ein Sausewind
Mehr die Sorte, deretwegen
Frauen gern mal kesser sind

Lässt sich ja auch schöner flirten
Wo die Antwort sich geniert
So in zarten, ungestörten
Augenblicken anvisiert

Was am Tische vis-à-vis da
Männlich herb errötet nun
Ach, er schlägt die Augen nieder
Und jetzt kommt sie mit den Schuh'n

Plaudert rum: Wie schön er wohne
Und betippt ihn mit dem Fuß
Spricht: Sie liebt es gar nicht ohne
Ist ganz plötzlich bei Dessous

So als Thema angekommen
Er ist völlig durcheinand'
Denkt, dass er sich übernommen
Ach, es zittert ihm die Hand

Bei dem Griff zur Soßenkelle
Denn das hätt' er nicht gedacht
Dass die Hilde derart schnelle
Schritte hin zum Einen macht

Und sie sind doch noch beim Siezen
Ist der Hilde so egal
Zack! Da greift'sen schon und zieht'sen
Über Lauch und Räucheraal

Grad kann er es noch vermeiden
Dass er sich ins Essen stützt
Sag, magst du mich auch so leiden ...?
Ach, der Hilde Auge blitzt

Und ihr Feuermund spricht: Robert
Sei mir Hafen, sei mir Meer
Du hast heut mein Herz erobert
Er kommt nicht mehr hinterher

Hilde – wir sind noch bei Selters!
Öffnen wir doch erst den Wein
Doch der Hilde, der gefällt das
Sie will nicht mehr Fräulein sein

Ach, was gäb ich ...! Mich vermählen
Schön daheim mit einem Mann
Sitzen und die Kinder zählen
Deine Rente krieg ich dann

Robert, mach mich heute glücklich
Und da wird es ihm zu dumm
Erst den Aal – verlangt ausdrücklich
Er: Da kommst du nicht drumrum

Denn in meinem Hause, Hilde
Herrschet Ordnung – grad bei Tisch
Und sogleich ist sie im Bilde
Setzt sich hin und isst den Fisch

Ja, man soll es gar nicht denken
Doch es wurd ein glücklich Paar
Sie tat ihm sechs Kinder schenken
Dann war schon die Rente da

Und man muss am Ende sagen
Wie die Hilde sich betrug
Das ist sicher anzuklagen
Doch war Robert klug genug

Da dann drüber wegzusehen
Und – das ist der Liebe Kraft
Ohne sie gäb's keine Ehen
Sie verzeiht auch Leidenschaft

WILDER HONIG

Ob es an der Sendung lag
Die sie letzten Donnerstag
Nach dem Spielfilm noch gesehn …?
»Wilder Honig« – um halbzehn

Wo so einer interviewt
»Ja, ich brauch das – find das gut«
Eine Frau in Latex, schwarz
Nahte, nahm die Rute … Tat's

Und dann war noch recherchiert
Dass es öfter doch passiert
Als man denkt – Elsa ging
Was sie gesehn, nicht aus dem Sinn

Ob ihr Ralf … Ob auch er
Gern der Liebe Opfer wär?
Ob er's brauchte, hart und roh
Bös gequält: Ma' so, ma' so …?

Und hat nur sich nicht getraut
Sie zu fragen: Ob sie haut?
Tät sie! Sicher. Wenn's doch muss

Zum Beispiel:
Statt 'nem Abschiedskuss
Wenn er ging – zur Arbeit. Ja!
Dass er motivierter war

Sowieso – in letzter Zeit
Fehlte die Beständigkeit
In der Ehe Liebvollzug

Ob er's brauchte? Dass sie … schlug?

Aah … Sie hat lang nachgedacht
Lag oft wach, die ganze Nacht

Neben ihr – er schlief, und sie
Sah ihn an mit Augen, die
Voller Liebe, doch
Da war im Blick was and'res noch

Ob es hilft? Ob es nützt …?

Er lag da, so ungeschützt …
Wenn sie jetzt … Nicht gefragt
Weil er dann ja doch nur sagt:
»Lass mal, ich bin müde …«

Nein …
Es musste unvermittelt sein
Eines Abends. Nun …
Sie war entschieden, es zu tun

Nur im Nachtgewande stand
An der Tür sie – in der Hand
Dass sie ihre Ehe rette
Nudelholz, Fahrradkette

Kaum dass er zur Tür drin war
Er wusste nicht, wie ihm geschah
War perplex, total verdutzt
Und das hat sie ausgenutzt

Kettete sogleich den Mann
An der Flurgarderobe an

»Elsa, bitte … Reden wir …«

Schon nahm sie das Stopfpapier
Hilft ja, wenn man sich bespricht
Doch: Geknebelt geht das nicht

Und dann hat – erst mal sacht
Was vorweg sie ausgedacht
Später härter – an den Mann
So mit Wäscheklammern ran …

Und dann tut noch höllisch weh
Der Besen für den Eierschnee!

»Wilder Honig« – Und sie war
Eine prima Domina
Die an ihrer strengen Hand
So wie er Gefallen fand

Ja – das lernen wir zum Schluss
Dass nicht immer falsch sein muss
Wenn wir abends um halbzehn
Inspiriert 'ne Sendung seh'n

Ist die Lieb' schon lang nicht mehr
Wie sie soll – stockt der Verkehr
Kommt abends er erschöpft nach Haus

»Wilder Honig«! Probier'n Sie's aus!

KISSTORIES
DIE DREI ROSA BLUME

72 →

Heute erzähle ich ein Märchen. Einfach so. Weil der Tag so fröhlich ist.
Es war einmal ...
Ein Vater. Der hatte drei Söhne. Die anderen beiden sind unwichtig. Sie wollten auch Geschenke haben, die der Vater von einer Geschäftsreise mitbringen sollte, der eine Tabak, der andere Zigaretten. Außerdem Schnaps. Doch die tatsächlich wichtige Person war der Jüngste. Er war auch der Schönste, wie immer. Das war schon zu der Zeit der Märchen so, das hat nicht erst mit der Epoche der Werbeplakate angefangen. Jugend ist begehrenswert. Die Haut ist frisch, das ganze Leben liegt noch vor uns, also: Vor ihnen ...
Später kommt die Zeit, da wir den Kopf nicht mehr während, sondern vor dem Orgasmus schütteln. Es ist vorbei mit der Schönheit der Jugend, da Reife noch nicht hieß, dass die Faulheit droht ...
Doch damit genug, kurz noch erwähnt: Es ist wissenschaftlich erwiesen, dass Eltern ihre Kinder ins Bett schicken, weil sie müde sind – und zurück zu unserem Jüngsten.
Wer Jüngste kennt, der weiß, dass sie manchmal seltsame Anwandlungen haben. Früher war das einfacher, da hat man ihnen auf die Finger gehauen und alles war gut. Heutzutage ist das schwieriger.
In dem kleinen Märchen, das ich erzählen möchte, wünschte sich der Jüngste vom Vater nicht Rauchwaren oder Alkohol, sondern eine rosa Blume. Der Vater runzelte die Stirn, die Brüder kicherten herb. Doch obwohl es sich um eine ältere Geschichte handelt, zum Zuschlagen war nicht genügend Anlass gegeben. Es fehlte die Konkretion des Verdachts.
Auch war es so, dass der Vater den Jüngsten besonders gern hatte. Mehr noch als Skatspielen. Also entschloss er sich, sein Möglichstes zu versuchen, den Wunsch des Jüngsten zu erfüllen.
Und leicht war das nicht.
Während der Vater die Geschenke für die Älteren im Supermarkt erstehen konnte – außerdem kaufte er noch ein paar Schlipse, es sollte eine Überraschung sein – musste er wegen des Jüngsten in ein Blumengeschäft gehen. Allerdings gab es damals keine Blumengeschäfte; außerdem hatten die nur rote Blumen, auch in anderen Farben, in Blau, in Gelb, aber nicht in Rosa.
Also verließ der Vater auf dem Rückweg die Postkutsche, um im Wald nach einer rosa Blume zu suchen, dort, wo man ihm gesagt hatte, dass es wohl gefährlich sei, aber gerade um diese Jahreszeit durchaus möglich, im hinteren Waldviertel auf dem Ostweg ...

→ → →

Und tatsächlich.
Unser Vater fand, nachdem er sich tief in das hintere Waldviertel vorgewagt hatte, eine wunderschöne und stolze Blume, die in einem solch zarten Rosa erblühte, dass der Vater sicher war, dass sie dem Jüngsten gefallen würde.
Doch kaum dass er sich gebückt hatte, mit Vorsicht die Blume gebrochen hatte ...

BAWAMM!

Ein schreckliches Ungeheuer, das eine Auge schräg nach unten versetzt, das andere sozusagen am Hinterkopf, dazu unästhetisch triefende Lippen, dünne Beine, eine hohe Fistelstimme, und wahrscheinlich geschlechtskrank, auch trug es keine Kleidung, war von oben bis unten bepelzt, aber man konnte das Organ sehen ...
Es war schlimm! Es war grauenvoll! Es war unmenschlich. Schon bereute der Vater, dass er sich eingelassen hatte, derart tief in den Wald zu gehen.
»Deine Postkutsche«, fistelte das Ungeheuer, »die ist weg. Dafür habe ich gesorgt. Weil du meine allerliebste Blume gebrochen hast. Meine rosa Blume, nun werde ich dich töten müssen. Und vorher sollst du Qualen erleiden, die ich mir noch ausdenken muss, aber ich weiß schon was!«
Der Vater sank in die Knie. »Oh bitte«, flehte er, »ich habe es doch für meinen Jüngsten getan!«
Da zögerte das Ungeheuer. »Hast du ein Foto dabei, vom Strandurlaub oder so?« Es atmete schwer, und der Vater bekam große Augen, einfach so. »Es gibt noch eine Möglichkeit«,

stöhnte das Ungeheuer: »Wenn du nach Hause kommst, das erste, was dir über den Weg läuft, das gehört mir. Okay?«
Der Vater dachte, das würde der kleine Hund sein, den sich die Familie extra für diesen Zweck zugelegt hatte. Doch – und nun voran in der Geschichte, wir ahnen es schon: Es war der Jüngste.
Was für ein Schicksal!
Traurig legte ihm der Vater die Hand auf die halb entblöße Schulter und sagte: »Ein Mann, ein Wort.«
Sodann klärte er den Jüngsten auf.
»Wünsche haben ihren Preis«, sagte er, »in diesem Fall bist du selbst der Preis deines Wunsches geworden. Ich wollte, ich hätte es verhindern können. Apropos – was ist eigentlich mit dem Hund los?«
Und zärtlich gab der Vater dem Jüngsten einen Klaps auf den Po, dann noch einen, und ab ging's zum Ungeheuer.

→ → →

Wer das Märchen kennt, weiß, dass das Transportmittel ein so genannter Teleportationsring war. Der Jüngste steckte ihn sich an den Finger, drehte ihn einmal, und war weg vom Fenster. Dieser Brauch hat sich bis heute erhalten. Man nennt das Heiraten. Gleich geblieben ist auch, dass die Angelegenheit nur selten funktioniert. Der Jüngste drehte den Ring, drehte ihn noch mal, zuckte mit den Schultern und ging zu Fuß in den Wald.
Dort angekommen, sah er zuerst einmal überhaupt nichts. Kein Ungeheuer zeigte sich. Dann aber tönte eine sonore Stimme aus dem Gebüsch gegenüber – nun gut, die Stimme fistelte ein wenig, aber das störte nicht. »Folge mir in mein Schloss«, forderte die Stimme den Jüngsten auf, »dort bekommst du zu essen, dort kannst du schlafen und morgens duschen. Aber wehe, du guckst in die hinterste Kammer!«
Dieses ist eine Schnellfassung, wenn man mal von den Nebenbemerkungen wie dieser absieht. Schließlich hat jeder Tag nur einen Abend und der Abend nur eine Nacht.
Im weiteren Verlauf der Geschichte verliebte sich der Jüngste in die wohltönende Stimme des Ungeheuers, schaute nach, was in der hinteren Kammer los war, und nur die Familie, die dann und wann zu Besuch kam, machte Schwierigkeiten. Besonders die zwei älteren Brüder.
Schließlich aber kam der Tag.
Der Jüngste war mal wieder zu Hause gewesen, weil der Sommer angebrochen war, endlich! Und er brauchte kurze Hosen. Und kein Hemd, stattdessen trug er Hosenträger, es sah sehr erotisch aus. Nun kam er zurück und hörte ein elendes Schluchzen.
»Warum weinst du, Ungeheuer?«
»Weil du so schön bist und ich so grauslich.«
Der weitere Dialog war auch nicht viel intelligenter, doch dann kam die Stelle, wo unser Jüngster das erste Mal sagte – und er hatte es noch nie gesagt:
»Aber ich lieb doch gar sehr.«
Es war ein kälterer Tag, beinahe wäre es zu frisch gewesen, um ohne Hemd zu tanzen. Der Dialog fand im Freien statt, auf der Schlossterrasse, der Jüngste hatte gerade einige Positionen des Tango ausprobiert, mit einer rosa Blume im Mund, von der es im Schloss noch mehr gab. Nur zum Sprechen nahm er sie aus dem Mund:
»Wohl hab ich dich noch nie gesehen, doch weiß ich, dass du ein gutes Herz besitzt und was will ich mehr?«
Wolken brachen. Die Sonne trat hervor. Der Jüngste schwieg, es war anzunehmen, dass er nachdachte. Doch zu spät, die Worte waren gesprochen und …

BAWAMM!
→ → →

Das Ungeheuer stand vor dem Jüngsten, sichtbar!
Es tauchte aus einem Nebel auf, der sich kurz bildete, um dann schreiend zu fliehen. Und es sah gar nicht so schlecht aus, nur ein bisschen. Auch war es nicht geschlechtskrank, das war ein Vorurteil des Vaters.
Es kam, wie es kommen sollte. Ehe der Jüngste sich versah, stürmte das Ungeheuer voran, wochenlang probierten sie alle Stellungen durch.

IDYLLE

Es war nicht unangenehm. Es war sogar besonders. Wenn man Pelztiere mag ...
Womit alles gesagt wäre.
Es war nicht so, dass ein Kuss das Ungeheuer erlöste, das hatten die Brüder vermutet:
»Wenn du Glück hast, ist es eine verzauberte Hausfrau.«
Nein ...
Aber – um es mit einem Dichterwort zu sagen: »Was nutzt es, wenn das Auge an richtiger Stelle sitzt und das Herz hockt am falschen Platz?«
Der Jüngste war glücklich, das ist wichtig. Er hatte mittlerweile seinen Führerschein machen dürfen, das sei noch gesagt, und im Schloss gab es eine Playstation 3, auch nicht übel. Das ist zwar wenig romantisch, aber wohin mit der Zeit?
Und genug. Hin zum Abspann, ja ... Lass ihn rollen, Zunge!
Im Hintergrund Musik – sie liebten einander! Ungefähr so:
Zärtlich berührten die Hände des Ungeheuers die marzipanmarmorne Haut des Jüngsten, krallten sich in die seufzende Brust, rissen die Hosenträger von den Schultern, knöpften an der Hose, drangen ein und wühlten in ihr, fassten das weiche Fleisch (hinten), die samtenen Hügel, die Perlen der Unschuld, umwarben die Feste mit ehernem Griff, ließen nimmer locker, bis die Hose gefallen, der Knabe gebeuget und genommen war, die Schenkel im rosa Winkel gen Himmel gestreckt ...
Ja ...!

Wie ein Preßlufthammer eine Orchidee, so liebte das Ungeheuer den Jüngsten, und weniger, das wäre nicht genug gewesen.

Ein Apfel mit roter Schale
Geziert mit grünem Dille
Auf einer roten Schale
Das nenne ich Idylle

Und ist der Dill ein frischer
Ist alles idyllischer

Doch

Wenn ich im roten Schale
Vor meinem schweizer Chalet
Neben der Idylle steh

Das ist das Idyllischste

L

Es sprach das L zum Stabenkind:

Unser Zweck und Wesen
Dass sie gut zu schreiben sind
Und auch gut zu eseln

Ist es, in der Menschen Wort
An dem stets gelichen Ort
Treu uns einzugeben

Ein keliner Schritt daneben
Höre gut, dass du es weißt
Darum es auch »Ortnung« heißt
Und das Chaos, Kind, regiert

Wer felißig stets studiert
Wo sein Paltz im Wort
Wo von latersher er wohnt

An dem einzig rechten Ort
Den, mein Stabenkind, bleohnt
Am End für seine Müh

Ein wunderbares Gückelsgeflüh!

Doch achelnd sprach das Stabenkind:

Vater, nein! Ich möchte ebeln
Wenn wir nichts las Skalven sind
An einem Paltz nur kebeln

Und wehe, drelima wehe, so
Ein Einz'ger nur galuben␣tät
Dass frei er sei, lega wo
In der Worte Raum er steht

Auschel gut, mein Vater – ich
Relvotier, ich weiger mich!

Der Sprache Fulch oder Segen
Autelt, was ich bin – lega!
Ich möcht ebeln, mich bewegen
Wozu ist das Ebeln da?

Ohn Gemurr und ohne Kalge
An der stets gelichen Statt
Was für eine schimmel Alge
So es keine Freiheit hat!

Oh, da wurd' der Vater böse:

Wenn bei uns im Stalbenand
Sich ein jeder einfach ölse
Kind, da fleht doch der Verstand

Und die Treue heißt dann Euter
Aus Geträume wird Gemäuter
Frei heißt reif – oder frie!

Nur über meine Eichel, nie!

Kind, da kannst du angel warten
Es belibt laels beim Laten!

Und so war's.

Er hatte recht
Es hat kein Stabe sich getraut
Und helimich sich umgebaut
Grad, wie er's gerne möcht

Wenn das jeder tät!

Es ist karl, wo man steht
Delutich festgeschrieben

Und so wird es immer beliben!

← 77

Ich finde es bedauerlich, wenn das Vertrauen in Sprache als Mittel der Verständigung größer ist als das Vertrauen in die Möglichkeit der Verständigung mit dem Mittel der Sprache.

ES LEBE DIE PANTHERSIE

MONA MU

EIN LIED (VERSION 17)

Refr.:	Mona, Mona, Mona Mu Heißt mein Lied an meine Kuh Mona, Mona, Mona, Elke Heißt die zweite, die ich melke	Chor:	Mona Mu, Mona Mu Meine Kuh, meine Kuh Die Winde weh'n Das Leben ist schön
	Mona, Mona, Mona hü! Und dann reit ich meine Küh		Mona hü – Mona hü! Küh. Küh
1.	Ach, es ist so Kuh-rios Doch ich komme nicht von los Vor dem Haus auf meiner Wiese Steht als dritte die Luise		Aaah – hah – aah ... Aaaah – aah ...
2.	Und ich trink auch nie Bouillon Denn das wär ein Affront Nein, die trink ich nie – oh nein Denn da kann ja Kuh drin sein		Bouillon Affront Ieh! Q ...
Refr.:	Mona, Mona, Mona Mu ...		(wie oben)
3.		Sprecher:	Nein, ich kann es ja versteh'n Das Land ist frei, die Winde weh'n Und sie schau'n so hinter'm Gatter treu Manchmal im Traum – ich bin Cow-Boy
4.	So ein Rindviech – wirklich ja Ob ich im Leben früher Hindu war?		Und dann lieg ich bei meiner Cow Mit der ich zu den Sternen schau ...
Refr.:	Mona, Mona, Mona Mu ...	Chor:	Was im Leben – was macht Sinn? Wenn ich bei ihnen bin
		Sprecher:	So ein Rindviech ist dampfend warm Und hat Charisma, hat Verve und Charme
	Mona, Mona, Mona hü! Und dann reit ich meine Küh	Chor:	Mona hü – Mona hü! (seufz)

5.	Und dann steht auf einer Wiese		Sie lachen mich an – haha
	Noch als dritte die Luise		Das Leben ist wunderbar
	Und als vierte die Madelaine		Madelaine?
	Die ist so alt, die lass ich steh'n		(schnipp schnipp)
6.	Ja, schon morgens in der Früh		Was ist Glück – eine Kuh im Stall
	Steh ich auf, ich hab vier Küh		Ich seh schon Kühe überall
	Und am Abend such ich Kräuter		Aaah – hah – aah ...
	Das ist gut für die Euter		Aaaah – aah ...
Refr.:	Mona, Mona, Mona Mu ...	Chor:	Was im Leben – was macht Sinn?
			Wenn ich bei ihnen bin
		Sprecher:	
			Manchmal wünsch ich mir
			Wünsche mir, ich wär ein Stier
	Mona, Mona, Mona – wow!	Chor:	Mona wow – Mona wow!
	Und dann reit ich meine ...		Ja, dann reit ich meine ...
Alle:	Und dann reit ich meine Cow		Ka-Cow ... !!!

ZU KÜH'N

Ach, die Sehnsucht bringt mich um
Böse flieht mir der Verstand
Mensch – er wird zum Rindvieh dumm
Ist die Liebe zu Küh'n entbrannt!

DIE U
MUNS
SAGE

Nach
Dieu Muns
Mitt Eile Nord
Nenn
Amen
Alle Sinn Erst Eden
Sinn
Berg Ende
Wort Efeu Erde
Ston Sein
Lied
Ohne Vers
Tand Voll Erle

Bena Bera Usun Sere

Mate
Mode Mund Lehm

Dasa Dams
Laub Wieg Laub
Ezar

Teig Enso
Wild
Dieu Muns

Denk Lang Vers Treu
Enes Sind

Enge
Lach Lach

Ende

ÜBERSETZUNG:

Die um uns sagen, ach, die um uns
Mitteilen, ordnen

Namen, alles Innerste, den Sinn
Bergende Worte

Feuer des Tons, ein Lied
Ohne Verstand, voller Leben aber

Aus unserem Atem, Odem und Lehm

Das Adamslaub, wie Glaube zart
Eigen, so wild

Die um uns den Klang verstreuen
Es sind Engel, ach, lachende

DADA SKUH RAGE

Ich muss mich in dringender Weise mit dem Dadaismus auseinandersetzen. Das bedeutet Studium. Die letzte Silbe des Wortes Studium ist die Silbe des Zweckes: UM.

Als Erstes probiere ich die UMkehrung. Ich erhalte das Kuhgeräusch MU. UM wird gekehrt zu MU.

MU ist in dem Wort Dadaismus enthalten, nicht im Singular, im Plural: Die oder alle Kuhgeräusche – MUs.

Lausche ich nun auf einer Weide, in einem Stall auf die MUs, vermag ich mit etwas Geduld Brei zu vernehmen, Pampe. Ich vernehme den Hinweis der Kühe:

Da ... da is Mus.

Wobei das »Da ... da is« körpersprachlich ausgedrückt wird, die Kühe verweisen durch ein Heben ihres Schwanzes und ihre konzentrierte Haltung ...

Es ist interessant, dass eine Korrespondenz festzustellen ist: MUs steht am Ende von Dadaismus und am Ende kommt es raus.

Nun haben wir es allerdings bei Dada mit Menschen zu tun und nicht mit Rindviechern. Worauf die Andersartigkeit der Aussprache rückzuführen ist:

Muss. Wir sagen Dadaismuss, obwohl wir Dadaismus schreiben.

Hier findet Kultur statt. Aus dem Ergebnis von Verdauung, ausgeworfen als MUS, wird ein kulturelles Ereignis, eine gesellschaftliche Verpflichtung:

Dada is Muss!

Festlich gekleidet sitzen Menschen um fladenförmige Produkte und suchen den Zugang. Sie auseinandersetzen sich, angesichts der Breie, der ...

MUSe.

Ich muss auf mein Gehirn aufpassen. Aber es bietet sich an, ein weiteres Mal die Mehrzahl zu bilden. Womit ich wieder bei der Kuh wär ...

DER KONKRETION DIENT EIN KUVERT

Die Auswürfe, daran wir uns auf Weiden weiden, denen wir uns in Ställen stellen – sie sind der Mus'en Kuss Dadas! Konkret und dampfend, der Ausdruck einer tierischen, animalischen Kraft:

Die MUSe des Dada. Dadas Inspiration.

Moment ...! Darum wir ja auch in die dafür etablierten Häuser gehen:

MUSe-UM!

Aus Gründen der Eingebung. Um dort die kuh'alen Produkte zu schauen, zu genießen …

Ich bin dem Genie eines Begriffes auf der Spur.

Und auch die scharfessige Aussprache des Dada-is-Muss verhält sich integrabel:

MUße-UM!

Aus Gründen der Teilhabe an der Entspannung nach dem Gelingen eines Ausdrucks.

Das ist der Mus-Muss-Zusammenhang!

Ohne mich mit den gymnasialen Scheren einer orthographischen Intelligenz zu beschneiden, wissend, wieviele Menschen es noch immer gibt, die Verstand mit Rechtschreibung verwechseln …

Es ist beides! Stelle ich die studi'ale UMfrage, warum die Menschen die Häuser aufsuchen:

Das Muse'ale: Die Inspiration, die Eingebung durch das in liebevoller Mühe Wiedergekaute, dann Ausgeworfene …

Und das Muße'ale: Das Entschwerende, an abgeschiedenen Orten zum Ausdruck Gebrachtes, die Revolution der Ruhe. Davon die Stille in den Galerien zeugt, jene unausgesprochenen Schweigegebote in den Muße-Ums …

Es sind stille Örtchen! Da Dada den Anspruch einer toilettistischen Kunst erfüllt!

Und wenn wir bei einem Muse-Ums-Besuch nur wegspülen, was Dada is, Dada war, Dada sei … Ein schmerzendes Fußglied: Weh Zeh!

Auch darin spiegelt Dada Existenz, ohne dass wir in der Lage sein müssen zu sagen, weshalb Ex Enz ist?

Dada – und darauf komme ich hinaus: Im Ohr die Mu's der Kuh, wahrscheinlich Dadas ureigenste ART'i KUH lation – und ich kann auch einen Ochsen nehmen, der muht …

MUht …

Die dritte Person Singular des Kuhgeräusches MU! Eine Aufforderung – das gekehrte UM des Zweckes verlautet sich, und es heißt:

Mut!

All unserem Dada-Gerede, Dada-Gestotter, all unserem Da-da-Gemüh'se feinste Spargelspitze – ob Muse oder Muße, die Pampen des Dada, Dadas Pampelmuse, müßiges Müsli …

Muht!

Und so heißt Dada verstehen:

FÜHRT KÜH EIN 87→ DIE MUSEEN, DAMIT WIR WIEDER MUS SEHEN!

Wieder Dada wagen – kühn den Küh'n nachgeeifert, jenen Muh-Tieren gleich, deren Ruf Dada is, deren Mus Dada is, in deren Stieren Blicken sie wohnt:

Dadas Muße! Und Muht, Dadas Kuh-Rage!

KLEINE VEGETARISCHE BALLADE

Sehnsucht nach die dicken Würste
Hatte für das Klo 'ne Bürste

Kam ein Schlachter, sprach sie an
Was sie so gelernt und kann?
Und die Bürste sprach so fein
Vom Geschäft der Würstelein
Von der Vielfalt, die im Darm
Dass er sie in Arbeit nahm

Ja, ist wirklich so gewesen
Freudig steht sie hinter'm Tresen
Macht nix, dass zum Tagesschluss
Sie noch sauber machen muss

Und als Lehrling stopft die Bürste
Hinterher die Leberwürste
Mit Elan – so schöne große ...

Es lebe der Salat mit Soße!

DER ESKIMO

Es war einmal ein Eskimo
Der saß auf seinem Eskiklo
Und es stach kein Eskifloh
Ihn in seinen Eskipo

Darum war der Eskimo
Eskiso eskifroh

DREI PHILOSOPHEN

Saßen Philosophen
Drei vor einem Ofen
Gab es einen Krach
War es ab, das Dach

Kamen Nachtigallen
Ließen etwas fallen

Sprach der Erste: »Nun
Wir müssen etwas tun«
Sprach der Zweite: »Ja
Es ist sonnenklar«

Sprach der Dritte froh:
»Wir lassen alles so
Es ist gut zu wissen
Wir sind angeschissen«

90 →

D A S
Q
U N D
D E R
K
Z A U

LEHRPERSON:

Wir lernen heut' im Alphabet
Das Q – das weiter hinten steht
Auf einer Wiesen

Danach R S T
Davor ein OP

Das Q war krank
Nun – den Himmeln sei Dank
Kaut es wieder

Was beim Q besonders ist!
Dass es das Gras, die Wiesen
Gleich zweimal frisst

Ja

Mit Geduld und Q'scher Ruh
Wiederkaut's – so ist das Q

Mit der Schnauz
Wiederkaut's ...

KIND:

Wie der Kauz?

LEHRPERSON:

GREIFT AUF

Jetzt naht geflogen ein U

Uhu – wiedergekaut
Ein Doppellaut

Ein Kauz
Er schaut's
Ihm graut's

Dann speit er
Das Q kaut weiter
Gewölle aus
Von 'ner Maus

Vor lauter Gräu'l
Ein Knäu'l
Kommt aus der Eul'

Nanu?
Denkt das Q

Der schöne Fraß
Liegt im Gras
Keine weitere Verwendung?

Verschwendung!

Nun ...

Die Tage gingen ins Land
Sie machten einander bekannt
Das Q und das U

Hatten eine Liaison

Dann flog das U wieder davon
Das Q blieb einsam zurück
Voller Unglück

Es rief:

MmmUhuuu ...!
MmmUhuuu ...!

Was soviel heißt wie: Ich kleb an dir

Es fühlte sich ja so allein
Es wollte ohne U nicht sein

Seitdem – zurück zum Alphabet
Im Wort mit Q ein U beisteht

Was gut – weil fast es suiziert
Das Q – und
Im Rahmen der Rechtschreibreform
Zum Kw mutiert

Man stelle sich vor:
Es hat das Q sich likwidiert
In seiner Kwal ...

Aber so ist das U – also: mental
Man nennt das: Ein polygamer Vokal

Und das merken wir uns mal:

Es sehnt das Q die Liaison
Es fliegt das U auch mal davon
Treibt sich rum im Alphabet

Derweil auf seiner Wiesen steht
Ein einsam Q – im Gras allein
Das wie der Kauz im Mondenschein ...

So'n Alphabet kann tragisch sein!

LIAISON

Wenn ich mich nach deiner Lehne
Süßer, Zarter – abends sehne
Deine hölzern nackten Beine

Wenn ich mich zur Nacht vereine
Und mit Liebe an dich schmiege
Fiebrig heiße Backen kriege

Und sie reibe, und sie wetze
Wenn ich mich am Abend setze
Auf dich drauf – und alle Nöte

Plagen schwinden … Liebster, böte
Mir die Welt Diwane, Thröne
Du bist mir der einzig Schöne

Bist allein der einzig Eine
Den mit all der Lust ich meine
Mich zu setzen! Wenn ich wüsste

Dass ich einst dich missen müsste
Süßer, Zarter – oh, ich stände
Stände ständig ohne Ende!

DU BIST STO STUHL

ZUM GLÜCK

Einen Schleier Glück zu weben
Dauert eine Ewigkeit
Fange heute an zu leben
Morgen ist geträumte Zeit

Schau nicht auf des Weges Plage
Hin zu Ziel, das Glück ist weit
Schau nicht auf die Zahl der Tage
Dauert eine Ewigkeit

Wird das Weben auch nicht enden
Führt es doch zu seinem Sinn
Alles Glück in deinen Händen
Lautet heute der Beginn

Ich war ja ein Schlächter. Also, in der Schule – man kann sagen: Ich habe den Begriff der Aufgabe gleich von Anfang an völlig falsch verstanden.

Grammatik, die Verrücktheit des Gramma: Gramma-Tick! Da sind mir die Fälle eher weggeschwommen.

Meine Mutter hat mir sehr geholfen. Sie hat mir immer eine kleine Faustregel mitgegeben – also, ich hatte eine liebevolle Erziehung.

Zum Beispiel, der zweite Fall im Deutschen, da hat sie mir gesagt: »Merk dir doch einfach: In der Nähe des Wassers – geh nie tief.«

Da hatte ich ein Bild vor Augen, da konnte ich mir das vorstellen. Obwohl – so einfach ist das ja nicht. Zum Beispiel:

»Nahe dem Wasser – da tief.«

Das ist genau das gleiche Bild, aber ein ganz anderer Fall. Und da sollen Kinder mit klarkommen!

Ich habe ja dann studiert, und das fand ich hochinteressant; das wissen Sie vielleicht gar nicht, dass der vierte Fall im Deutschen aus dem Bayerischen stammt.

Ich mach Ihnen mal ein Beispiel:

»Ein Rindviech schaute – wen oder was – das Wasser: A Kuh sah tief.«

DAS THEATER BEABSICHTIGT EINE PAUSE.
AUCH IST DER ERFOLG DER VORSTELLUNG
NICHT GESICHERT.

ES KÖNNTE SEIN, DASS DAS PUBLIKUM
KEINE ZUGABE VERLANGT. DOCH SIE IST
EINSTUDIERT. AUCH IST SIE VERGÄNGLICH.

ALSO WIRD ENTSCHIEDEN, DIE ZUGABE
ZUM ENDE DES ERSTEN AKTES ZU GEBEN.

ZUGABE

DIE ANSAGEPERSON HAT EINEN KORB MIT OBST DABEI.

Meine sehr Verehrten,

es mag etwas ungewöhnlich sein, aber ich möchte bereits an dieser Stelle die Zugabe geben. Dieses im Sinn des Wortes – ich gebe etwas dazu, nämlich:

Obst.

Ich möchte Sie einladen, sich in der nun folgenden Pause eine der Früchte zu nehmen.

Und da ist noch ein Gedanke dabei – es wäre sehr schön, wenn nicht nur ich etwas zugebe, sondern auch Sie, indem Sie die Frucht nicht für sich selbst nehmen, sondern weiterschenken, an eine ihnen fremde Person, und dieses als Ausdruck des erotischen Gefallens. Ganz im Sinn des Wortes Zugabe – Geständnis ...

Ich gebe etwas zu.

Sie haben vielleicht schon zu Beginn des heutigen Abends im Foyer oder auch hier im Raum, als das Licht noch an war, die eine oder andere Person gesehen, wo Sie dachten:

»Oh, da kommt bei mir was rüber ...«

Schenken Sie dieser Person freimütig eine Frucht, und bitte: Es soll nur ein Zeichen sein, damit ist keinerlei sexuelle Verpflichtung verbunden.

Es soll nur zum Ausdruck bringen, was wir uns viel zu häufig nicht zu sagen trauen, aus Angst, zurückgewiesen zu werden, aus Angst, die andere Person könnte mich falsch, also: richtig verstehen, doch mehr als ich möchte ...

Die Angst, einen Korb zu kriegen ...

HÄLT DEN KORB ETWAS HÖHER

Er ist dabei, aber er soll heute Abend nicht vergeben werden, den behalte ich für mich.

Meine sehr Verehrten,

erlauben Sie mir noch einen Gedanken: Bitte schenken Sie nicht einfach drauf los, auch wenn es der Wahrheit entsprechen würde. Gönnen Sie sich einen Augenblick – hier in den Korb – um eine passende Frucht auszuwählen.

Schenken ist sehr viel schöner, wenn ein Gedanke der Sorgfalt mit dabei ist. Ich habe sehr verschiedene Früchte hier in dem Korb und es sind sicher auch nicht genug für alle da, aber das würde den Wert mindern ...

Früchte haben ja von jeher eine sehr erotische Austrahlung, sind reich an Symbolik ...

Zum Beispiel der Apfel ...

NIMMT EINEN APFEL

Ein Symbol der Verführung, denken Sie an Adam und Eva – und die Folgen, oder auch die Geschichte von Hera, Athene und Aphrodite und die Entscheidung des Paris, dann der trojanische Krieg.

Die im Heutigen häufige Lösung des Politischen kannte er damals noch nicht:

Apfelmus ...

In diesem Sinn: Überlegen Sie die Aussage der Frucht, die Sie verschenken. Was soll sie der beschenkten Person mitteilen, was sagt sie über die Person aus, die schenkt?

NIMMT EINE BANANE

Ich habe sehr eindeutige Früchte dabei ...

Aber lassen Sie sich nicht durch meine Interpretationen einengen. Es gibt immer mehr als nur den einen Gedanken.

NIMMT IM FOLGENDEN DIE JEWEILS BENANNTEN FRÜCHTE

Zum Beispiel Weintrauben.

Sehr sinnlich. Von bacchialischer Kraft, im Ausdruck orgial ...

Oder eine Mandarine. Vielleicht die richtige Wahl für die Unentschlossenen. Kann ich vorher schälen und dann: »Möchtest du eine Spälte?« Und wenn es nicht geklappt hat, hab ich noch welche.

Eine Birne. Das Symbol der Erleuchtung ...

MIT DER BIRNE IN DER HAND

Ein kleiner Hinweis am Rand – die Früchte sind gewaschen, aber Sie sollten sie dennoch vor dem Verzehr noch ein wenig sauber reiben, man weiß nie, wer sie in der Hand gehabt hat ...

Es sind auch ungewöhnliche Früchte dabei. Hier – eine Zwiebel.

ÜBERLEGT DIE BEDEUTUNG, NENNT SIE

»Wenn ich dich auszieh', muss ich weinen.«

IST NICHT ZUFRIEDEN – PROBIERT EINE ANDERE AUSLEGUNG

Oder: Für die Menschen, die näher am Wasser gebaut sind. Sehr emotionsstark, kann ins Auge gehen ...

Zugleich ein Symbol der Zeit, vielleicht sogar eine Aufforderung, im Sinn der Gegenwart, also: »Häute!«

Geben Sie Ihrer Fantasie Raum. Ringen Sie Ihrer Gabe eine charmante, eine eigenwillige Aussage ab.

Kiwi, Kiwi ... Ein Vogel. Erinnert mich an ... Australien. Die Einladung zu einer gemeinsamen Reise. Es muss ja nicht um die halbe Erde sein. Tragen Sie etwas Intimität an: »Willst du bei mir zu Hause meine Dias sehen?«

Und wenn der Mut nicht reicht, warum es nicht zum Ausdruck bringen? Für die Ängstlichen – eine Feige.

Eine wunderschöne Gelegenheit für den oder die, die schon lange sagen wollten, dass sie etwas mehr empfinden.

Kann aber auch heißen: »Du bist süß.«

LEGT DIE FEIGE ZURÜCK

Und ein wenig klebrig.

Die Zitrone. Eine Beziehungsfrucht, sehr vitaminstark, aber – es muss nicht unbedingt ein Lächeln dabei herauskommen, wenn ich hineinbeiße.

So sind manche Beziehungen, und es sind nicht die schlechtesten!

»Gib mir Saures!«

Oder hier – eine Kartoffel. Eine Erdfrucht! Für mich ein Symbol der Ehe. Kann nicht sofort verzehrt werden, muss erst zubereitet werden.

Aber dann – besonders im Deutschen – jeden Tag auf dem Tisch, immer anders, es gibt so vielfältige Formen der Verwendung. Als Puffer, Pürree, handgeformte Klopse, abends beim Fernsehen, so nebenbei als Chips ...

Meine sehr Verehrten,

Sie müssen Ihre Frucht nicht unbedingt einer fremden Person schenken. Es darf auch die eigene mitgebrachte, seit Jahren anvertraute sein, und ich habe ihr so lange nichts geschenkt, meine Liebe nicht zum Ausdruck gebracht. Da eignet sich besonders die Kartoffel.

Für die Menschen, für die »ehe« noch immer ein Verbindungswort ist und kein Zeitbegriff ...

Ebenfalls mit dabei: Eine Nuss, für mich die »GeNuss«. Sie verlangt den Einsatz von Kraft, verlangt den Willen, zu ihrem Innersten zu gelangen ...

ZITIERT

Die »GeNus« ist eine der härtesten, die wir im Lauf des Lebens immer wieder zu knacken haben.

Und zuletzt, im Sinn der Freiheit, damit – wie es in der Sexualiät, in der Erotik sein soll – auch alles möglich ist ...

NIMMT EINEN PFIRSICH

Es ist ja nicht ungewöhnlich, dass wir uns in der Erotik gern mal an uns selber halten:

Ein Für-sich ...

Meine sehr Verehrten,

in diesem Sinn wünsche ich Ihnen ein frohes und auch glückliches Befruchten. Gönnen Sie sich in der nun folgenden Pause die Freiheit, geben Sie etwas zu.

Die zweite Person Singular des fragenden Zweifels:

Obst?

DAS GARTENHAUS

Es war einmal ein Gartenhaus
Das ging in den Garten raus
Und dachte so bei sich:

»Hier ist es schön. Hier bleibe ich«

ZEHN KLEINE DICHTERLEIN

101 →

10 kleine Dichterlein, die saßen in der Scheun
Einem aber fiel nix ein. Da waren's nur noch 9

9 kleine Dichterlein hab'n sich was ausgedacht
Aber eines fand das blöd. Da waren's nur noch 8

8 kleine Dichterlein hab'n sich was aufgeschrieben
Aber noch 1 fand das blöd, da waren's nur noch 7

7 kleine Dichterlein, die machten diesen Text
Eines hat sich gar geschämt. Da waren sie zu 6t

6 kleine Dichterlein, die gingen groß auf Tour
Eines aber ging nicht mit. Da waren's 5e nur

5 kleine Dichterlein, die waren bald nur 4
Eines musst zum Militär und ward da Grenadier

Und als ein Dichterlein sich mit den ander'n stritt
Sagten sie: Dann hau doch ab!

Da waren sie zu dritt

3 kleine Dichterlein, die waren bald zu 2n
Und dann gab noch 1 auf. Das andere blieb allein

Ein kleines Dichterlein, das hat viel Geld gemacht
Dies Gedicht wurd weltberühmt. Wer hätte das gedacht?

9 kleine Dichterlein, die schäumten laut vor Wut
Eines hat sich totgeschäumt. Doch das Gedicht war gut

8 kleine Dichterlein, die gingen vor Gericht
Wollten auch was von dem Geld, bekamen's aber nicht

7 kleine Dichterlein, die hab'n nicht resigniert
Klagten noch ein zweites Mal. Hat auch nicht funktioniert

Ha!

Ein kleines Dichterlein, das kaufte sich ein Haus
Lud die andern zu sich ein und schmiss sie wieder raus

6 kleine Dichterlein, die gingen nach Davos
Kauften sich ein Schießgewehr. Das ging nach hinten los

5 kleine Dichterlein, die trafen sich bei Nacht
Brachten noch 3 and're mit. Da waren's wieder 8

5 kleine Dichterlein, die haben annonciert
Eines ist dazugekommen. Da waren sie zu 4t

Weil: 4 kleine Dichterlein verloren die Geduld
Und das 5te ging ins Moor. Es gab sich alle Schuld

Und: 3 kleine Dichterlein, die waren plötzlich 2
Als das 4te auch noch ging, und zwar mit Nummer 3

2 kleine Dichterlein, die hab'n sich schön gemacht
Da kam ein feines Fräulein an, hat eines weggelacht

Ach! Ein kleines Dichterlein wurd U-Bahnkontrolleur
Und so gab es keine kleinen Dichterleine mehr

Doch ...

Da kam ein Dichterlein vom Militär zurück
Schrieb ein Gedicht so fein – von der Freiheit Glück

Schrieb ein Gedicht so schön, und dann war es zu zweit
Hat eine Polsterin aus Mecklenburg gefreit

All ihre Kinderlein, die haben's weit gebracht
Erst war's 1, dann 2, dann 3, dann 4, 5, 6 – zack: 8

Und dieses Zwillingspaar gab sich der Dichtkunst hin
Das gefiel dem Vater sehr und auch der Polsterin

2 kleine Dichterlein und bald, da waren's 4
Eines Tag's, da stand ein 5tes dichtend vor der Tür

5 kleine Dichterlein, und bald da waren's 10
Doch davon ein andermal, ich muss jetzt schlafen gehn

Ja ... 10 kleine Dichterlein, die gingen fort nach Danzig
Schauten in den Spiegel rein, da waren's plötzlich 20

20 kleine Dichterlein, die haben sich gesehn
Machten ihre Augen zu, da waren's wieder 10

Ja ... 10 kleine Dichterlein – war alles wieder gut
Doch dann gab es bösen Streit und eines nahm den Hut

9 kleine Dichterlein, die haben was geahnt
Hielten an den Händen sich und haben sich gewarnt

Da kam ein kleines Malerlein und malte das als Bild
Eines kriegt er nicht mit drauf, doch das war nicht so wild

9 kleine Dichterlein, die haben aufgepasst
Haben sich an allen 16 Händen angefasst ...

Und eines schönen Tags, sie trafen sich zum 7
Eines hatte keine Lust und ist zu Haus geblieben ...

Und noch ein Dichterlein, das kaufte ein Gewächs
Putzte es und pflegte es, vergaß die andern 6

Und noch ein Dichterlein, das macht sich auf die Strümpf
Ging in den Wald hinein, dahinter war'n die Sümpf

Ups!

5 kleine Dichterlein und bald, da waren's 2
Eines aber kam zurück, da waren's wieder 3

3 kleine Dichterlein – und jetzt ist wirklich Schluss
Eines kam dazu – egal. Weil ich jetzt schlafen muss

4 kleine Dichterlein, und bald, da waren's 8
Kamen noch mal zwei dazu, und damit: Gute Nacht

10 kleine Dichterlein, die haben sich gewundert
Weil es immer weiter ging – und dann waren's 100

100 kleine Dichterlein, die sind losmarschiert
Eines aber ging nicht mit, es war nicht interessiert

99 Dichterlein, ich hab sie nachgezählt
Das war an einem Donnerstag – das eine hat gefehlt

Und noch'n Dichterlein, das setzt sich hin und bräunt sich
Plötzlich kam ein Sonnenstich, da waren's 98

98 Dichterlein, die hab'n sich Treu geschwor'n
Aber wie's so ist, na ja ... Eines ging verlor'n

Ach:

Die andern Dichterlein, die suchten es so lang
14 haben aufgegeben, eines wurde krank

Und noch 16 andere, die hab'n sich schlimm verirrt
Fragten voller Sorge sich, was aus ihnen wird?

Und die andern Dichterlein, die haben sich vermählt
Einem aber hat zum Glück die Dichterfrau gefehlt

0 sind noch abgehauen
Mal schauen ...

Geteilt durch 12 - ergibt 11 x 11

Dann ging den 11ern je ein Dichterlein verlor'n
Damit waren's 11 x 10 – und es beginnt von vorn:

11 x 10 Dichterlein, und das in einer Scheun
11 x einer ging verlor'n, da waren's 11 x 9

11 x 9 Dichterlein, die gingen ins Ballett
Zehn, die sind dageblieben. Da waren's 89

Davon: 34 Dichterlein, die schrieben Poesie
26 fiel nix ein ...

Moment: 55 plus 12 ...

2 haben einen Literaturpreis gewonnen
Und hatten es nicht mehr nötig

Dann kam die Verbandsgründung
4 Neuaufnahmen im ersten Jahr

Dann die Austritte, eines ist verstorben
Aber es gab Neuzugänge – 2 wurden verweigert

Das macht ...

Bei einem Mitgliedsbeitrag von 5 DM im Monat
10 Prozent Erhöhung im 2tjahr

Bei einer Gesamtbeitragszahlung von 8.694 DM ...

126 Dichterlein, die flogen nach Madrid
Eines hatte gerade Mumps und darum flog's nicht mit

125 Dichterlein, die aßen Butterbrot
Bei einem war die Butter ranzig, da waren's 124

Und all diese Dichterlein, die hab ich umgebracht
Damit nun endlich Ende ist. Das war in dunkler Nacht

Doch ...

Ein kleines Dichterlein, das hab ich überseh'n
Zeit verging. Und eines Tag's, da waren's wieder 10

10 kleine Dichterlein, die hatten eine Maus
Kauften eine 2te sich und kannten sich nicht aus

Es sollt ein Männchen sein. War es aber nicht
Ein kleines Dichterlein schrieb davon ein Gedicht:

2 kleine Mäuselein – davon ein ander Mal
Ach, wenn Mensch nicht schlafen kann, das ist schon eine Qual!

Zähl kleine Dichterlein, so riet die Mutter einst
Fragte am Morgen dann: Sprich, Kind, warum du weinst?

Mutter, ach Mutter lieb! Ich bin so müde ja
Zähl kleine Dichterlein, sind immer neue da

Still, Kind, mein liebes Kind
Schlaf, mein Kind, schlaf ein ...

Mutter! Um's Bett herum steh'n lauter Dichterlein!

Still, Kind, mein liebes Kind
Sind keine Dichter da
Sind alles Schäfchen nur, sind kleine Schafe ja

Springen über Hürden klein
Schlaf, mein Kind, schlaf ein ...

Eines, das verschätzt sich hatte
Trifft so bös die Hürdenlatte
Und bricht sich das Bein ...

Schlaf, mein Kind, schlaf ein ...

SAG ES ANDERS
SAG ES PER VERS

DICHTER DRAN

AUCH WOLLTE ICH NOCH SAGEN,
DASS DER BEGRIFF DER VERSÖHNUNG
UND DER UNFEHLBARKEIT
SICH UNGEFÄHR SO GUT VERTRAGEN WIE

ELEFANT UND SCHLITTSCHUHE

Einem halbwegs intelligenten Rhetoriker wird es natürlich gelingen, ein paar solide, alle Gottheit bestens stellvertretende Pirouetten zu drehen.

Aber das Eis ist dünn.

Kommen Tauwetter und Barmherzigkeit, und der Teufel ist nicht rechtzeitig erschlagen, kann alle Vorsehung bis dahin scheitern, dass die Bibel neu geschrieben werden muss.

Nun, das alles weniger böse an die Wand gemalt ...

Der gefallene Engel, mit afrikanischen Ohren oder indischen – es ist nicht bedeutend – er steigt auf, Schlittschuhe an den Hufen, und alles ist voller Liebe durcheinander, fehlbar und gütig, heiter und ...

Es darf verziehen werden.

PLÄDOYER

Es war einmal ein Stachelschwein
Das sprach: »Die Liebe, die tut weh«
Es blieb sein Lebtag lang allein
Und wenn ich in die Runde seh ...

Ich seh manch hochgebürstet Glück
Dass sich so gern vergeben␣tät'
Zieh deine Stacheln, Schwein, zurück
Die Liebe lohnt, der Schmerz vergeht

KRAWATTIERTE RAUS

Wer gibt eigentlich an
Wer erlaubt

Dass die Männer sich krawattieren
Beschlipst nur mit Würgeband
Wie angeseilte Hunde

Den Knoten an der Kehle und
Nicht im Nacken
So sind sie würdevoll

Reich an Konjunktiv
Andere dann
Oder eine Frau zu kolonialisieren

Wer gibt das an
Wer ist der Angeber, Protzer
Wer erlaubt

Ich wünsch mir einen im Petticoat
Aber geschäftsfähig

Warum lachen wir nicht
Zeigen mit dem Finger
Warum machen wir ihnen nicht
Den Weg schwer

Diese nachgestellten Direktoren
Diese Mücken

Die, wenn das Licht ausgeht
Seufzen, locker ziehen
Blut saugen

Ich mach das Licht nicht aus
Wenn ich Krawattierte seh
Das Licht bleibt an

An der Einsamkeit der Glühbirne
Will ich sie leiden sehen, verbrennen

Krawattierte raus

```
D    E    R
T    R    E
N    D    *
```

```
I              N
R    Ü         H
R    U    N    G
```

Ein Frollein, das bei sich gedacht
Wenn's im TV sich nackig macht
Dann sieht das wer, dem das gefällt
Am besten einer mit viel Geld

Mit Vermögen! Es hat geklappt
Das Frollein, es hat Glück gehabt

Zwar musste es zum Glücklichsein
'Ne Zeit lang sehr geduldig sein
Heiraten, stillhalten ... Doch egal
Was tut man nicht für's Kapital

Ein, zwei Jahre, und
Dann findet sich ein schöner Grund

Der trennt

*** ES IST ANZURATEN,
BEIM VORTRAG DES GEDICHTES
DEN TITEL VORWEG
DEUTLICH ANZUSAGEN.**

DER GEIGER GREIFT DIE GEIGE

In der Geigen Töne
Wohnet eine Schöne
Will, dass ich sie freie

Sie zu fliegen lehre
Von der Erdenschwere
Los zum höchsten Schreie

Dort die Flügeltüren
Hinter Tanz und Lachen
Wieder aufzumachen

Will mein Weinen spüren
Meine Tränen zeigen
Zu den Himmeln steigen

DER GEIGER IST ERGRIFFEN

Ich kann jetzt nicht geigen

TAGESGESCHICHTEN:

Haben Sie schon einmal Besuch bekommen? Sicherlich.

»Besuch«, sagt der Dichter, »ist wie die Wirklichkeit. Da muss man nehmen, was man kriegt.«

Wer von uns schon einmal in einem Krankenhaus war, wird es kennen. In einem Zimmer, mehr oder weniger festgenagelt – jeder darf herein, wenn er nur die Besuchszeiten beibehält ...

Menschen, die wir sonst nicht durch unsere Tür lassen würden, gelangen ungehindert an unser Bett.

Ich erinnere mich an eine Frau, die zu mir sagte: »Lernen Sie erst einmal schreiben und dann kommen Sie wieder und sprechen vor.«

Wo ist der Zusammenhang? Es gibt keinen.

Aber – wir sind Menschen. Müssen wir denn alles abdecken?

Nur selten können wir uns aussuchen, wer uns aufsucht. Mancher reicht ein offenes Ohr, manchmal reicht ein offenes Ohr.

In diesem Sinn wünsche ich Ihnen viel Vergnügen bei ...

ZWEIUNDZWANZIG JAHRE DANACH

FRAU SCHONSTEDT BÜGELT. EIN MANN BETRITT DAS WOHNZIMMER. ER IST NUR SPÄRLICH BEKLEIDET.

Mann:	Entschuldigen Sie, ich suche die Praxis von Dr. Wiedenkopf.
Frau:	Dr. Wiedenkopf?
	STUTZT
	Wer sind Sie? Was suchen sie in meinem Wohnzimmer?
Mann:	Ich wollte nur mal nachsehen. Weil es so lange gedauert hat. Ich weiß auch nicht.
Frau:	Kommen Sie, ziehen Sie sich erst einmal etwas über.
	NIMMT DAS HEMD, DAS SIE BÜGELT
	Hier. Das ist von meinem Mann. Das können Sie nehmen. Er ist tot. Er braucht es nicht mehr.
Mann:	Das ist nett. Ich meine, es ist mir auch sehr unangenehm …
Frau:	Ich bügel die Hemden aus Erinnerung. Es bleibt nicht viel für eine Frau, wenn die Männer tot sind.
Mann:	Ich versteh' das alles nicht. Frau …?
Frau:	Schonstedt. Anna Schonstedt.
Mann:	Frau Schonstedt.
Frau:	Mit Mädchennamen Chi. Aber dann habe ich geheiratet. Ich wollte nicht Anna Chi heißen. Wissen Sie, wenn man sich nicht kennt und die Frau sagt als erstes »Anna Chi« …
	Ich meine, man gewöhnt sich daran. Aber dann ist man doch froh, wenn man heiratet.
Mann:	Ich muss durch die falsche Tür gegangen sein. Ich sollte warten. Der Doktor hat gesagt: »Gehen Sie in Kabine vier, kleiden Sie sich aus – ich hole Sie dann.«
Frau:	Wie hieß der Doktor, sagten Sie?
Mann:	Wiedenkopf. Dr. Wiedenkopf.
Frau:	Wiedenkopf?
	Also, unser Vormieter, als mein Mann noch lebte, sagte, dass vor ihm ein

	Doktor seine Praxis in dieser Wohnung hatte. Aber das ist schon Jahre her. Wo sind Sie eigentlich hergekommen?
Mann:	Aus der Umkleidekabine. Kommen Sie, ich zeige es Ihnen.
	GEHT VORAN
Frau:	**FOLGT**
Beide:	**AB**
Mann:	Hier, diese kleine Tür, die war das.
Frau:	Aber das ist doch die Speisekammer.
Mann:	Die Speisekammer?
Frau:	**KOMMT ZURÜCK**
	Ja. Obwohl – die benutze ich nicht. Es gibt in dieser Wohnung fünf Speisekammern.
Mann:	**KOMMT ZURÜCK**
Frau:	Zwei, das kann ich noch verstehen. Aber fünf! Na ja, da stehen drei eben leer.
Mann:	Vielleicht sind da auch noch Leute drin.
Frau:	Nein. Die müssten sich doch mal gerappelt haben.
Mann:	Aber ich habe mich doch auch nicht ...
	VERSTUMMT
Frau:	Sie meinen? Also, wenn Sie so freundlich sein würden mal nachzuschauen. Ich bin eine alleinstehende Frau.
Mann:	Das kann nicht sein.
Frau:	Doch. Ich bin alleinstehend.
Mann:	Nein, ich meine, dass da in den Speisekammern ...
	VERSTUMMT ERNEUT
Frau:	Aber Sie waren doch auch da drin.
Mann:	Welches Datum haben wir heute?

Frau:	Den 14ten.
Mann:	Den 14ten was?
Frau:	April.
Mann:	Ich bin am 23sten Mai zum Arzt gegangen.
Frau:	Am 23sten Mai! Moment ...
Mann:	Wie lange wohnen Sie hier?
Frau:	Ich lebe jetzt fünfzehn Jahre in dieser Wohnung.
Mann:	Und Ihr Vormieter?
Frau:	Warten Sie. Sieben Jahre. Ja. Alle vier Jahre eine neue Tapete, hat er gesagt, und da haben wir die, die drin war, noch ein Jahr gelassen.
Mann:	Und ich habe mich gewundert, warum das so lange dauert.
Frau:	Sie meinen doch nicht ...? Aber – warum haben Sie sich denn nicht mal gerappelt?
Mann:	Ich dachte doch nicht ...
	Ich geh am besten zurück in die Speisekammer. Das hat doch jetzt sowieso alles keinen Sinn mehr. Zweiundzwanzig Jahre! Wie die Zeit vergeht.
	STILLE
	Hat sich viel verändert?
Frau:	Na ja. Man lässt uns in Ruhe.

WDV ER UR GEHST

Du hast der Jugend Honig gekostet
Und nun stopft dich des Alters Brei
Das Hirn verklebt, die Glieder gerostet
Der Jugend Leichtmut, er ist vorbei

Im Innern wühlt der Jahre Brand
So vieles, das um Hoffnung geschah
Nun sei, was du bist. Ohne Bestand
Jetzt ist die Zeit zum Flattern da!

Jetzt heißt es leben! Was soll noch Treue
Wo du vergehst. Was soll Verzicht?
Vor Narretei und Grund zur Reue
Da schütze doch die Jugend sich!

Denn wenn sie leidet, noch sehr lang
Dein kleiner Rest – komm, setz ihn ein
Es soll die Jugend besser bang
Und voll Vernunft und Größe sein

Du verfällst. Ich kann es sehen
Verfall dem Leben, der Lust – es ist
Manch krummer Weg noch anzugehen
Sei verderblich! Sei, was du bist

Hör nicht auf das Rumgered
Von Würde, Anstand – das ist doch …
Ich sag mal: In der Pubertät
Da braucht's die Orientierung noch

Doch jetzt – der Gesellschaft Stütze
Ein Vorbild, ha! Das schönt das Verrecken
Noch mal zwanzig? Was soll die Grütze
Lass dir des Alters Honig schmecken!

ZEIT

118 →

Das ist hochinteressant, das ist ...

Wenn ein Kind und ein alter Mann auf einer Bank sitzen, dann ist das Kind viel schneller fertig.

Weil – die Zeit, das ist nicht die Uhr. Das ist das Herz!

Ich hab mir das zuhause auf eine Tapete gemalt. Das macht im Kopf ein bisschen fusselig, wenn man darüber nachdenkt.

Also: Jeder Herzschlag ist ein Erleben. Und ein Kind hat ein schnelleres Herz. Das erlebt in der gleichen Zeit viel mehr als ein älterer Mensch.

Und umgekehrt – das kann man auf meiner Tapete gut sehen: Bei einem älteren Menschen schlägt das Herz langsamer. Das sind weniger Erlebnisstriche in der gleichen Zeit.

Das ist ... Für einen älteren Menschen rast die Zeit. Deswegen. Das sind sozusagen nur wenige Schläge und dann ist schon wieder Abend. Und ein Kind, das denkt, die Zeit geht nie vorüber.

Weil es so viel erlebt!

Das ist wie beim Warten. Wenn ich aufgeregt bin, schlägt mein Herz ganz schnell. Und ich erlebe ganz viel, während nichts passiert. Deswegen dauert das so lange.

Aber wenn ich ruhig bin, ist die Zeit ... Das sind nur ein paar ganz gelassene Herzschläge, wo ich so erlebe, dass nichts ist, und dann ist das Warten vorbei.

Was man sich da alles jetzt denken kann!

So: Ein Leben mit Kraft, wo ich was erleben will und wo ich mich auch aufrege und Neues passiert – das ist ein langes Leben.

Und in Ruhe bin ich bald tot.

Aber ich kann auch machen, dass etwas schneller vorbeigeht. Wenn ich mich da gar nicht kümmere.

Zum Beispiel Leiden.

Das ist für mich – weil, ich bin so ein Aufgeregter. Für mich muss das immer ganz schnell gehen.

Aber da kommt nur bei raus, dass ich andauernd merke, dass das noch nicht vorbei ist. Weil ich da immer ...

Ich pass da so auf! Ich bin nicht so ruhig.

Von wegen auf der Bank sitzen und das Herz schlägt so ganz langsam und dann hört es auf und hat sich auch schon daran gewöhnt ...

So ganz gelassen, immer weniger Zeit, und dann ist die Tapete zu Ende.

Obwohl ich manchmal denke, so müsste das sein. Dass mit dem Älterwerden auch die Zeit ruhiger wird, also ...

Das Erleben. Bis zu dem letzten ...

Nur noch ein Herzschlag und der nächste kommt nicht mehr. Und dann ist alles ...

Alles hält an. Für mich. Während ein Kind lebt in dem Reichtum seiner Herzschläge, in der Fülle der Erlebnisse ...

Um mich herum rast die Welt. Die Zeit ist so schnell geworden, weil ich ... So alt geworden bin. So langsam.

Irgendwie kann das auch schön sein. Alles jagt, rast – um mich herum ...

Ich halte an. Und ich habe nur noch ein einziges Erleben. Dahin ich gegangen bin. Mit einem immer langsameren Schritt durch das Feld der Zeit, einem immer ruhiger gewordenen Herzen ...

Und es hält an. Das eine Erlebnis Tod. Etwas ganz Ruhiges.

Etwas Anhaltendes.

Aber – da bin ich nicht der Mensch für.

TAGESGESCHICHTEN:

Es ist lukrativ, es gibt das Bedürfnis – die Filmindustrie gibt höchste Beträge aus!

Auch die Fantasie nimmt zu, es ist teilweise bedrohlich. In welchen Weisen wir beworben werden.

Mit Tod.

Ein Trost, dass es selten die Hauptrollen sind. Ein Trost – der Kameramann ist dabei, wenn die Schlitzerei einsetzt, Genicke gebrochen werden, in Feuer oder Wasser die Sühne das Böse zur Ordnung ruft, eine letzte kleine Quälerei, sozusagen als Wiedergutmachung ...

Wir sind nicht allein: Was vor uns der Kameramann hat ertragen müssen – so ist das Leben, jetzt sind wir dran ...

Und die Kinder lieben es.

Mal ehrlich. So ganz ohne Tod? Shakespeare. Oder – der sterbende Schwan. Das wäre eine unendliche Geschichte. Allein die Gruselindustrie – ohne Tod? Oder ein Kriegsfilm. Alle kommen durch.

Wollen wir das denn?

In diesem Sinne wünsche ich Ihnen viel Vergnügen bei ...

EIN SCHÖNER TAG

121 →

EIN EHEPAAR.

Er:	Ich bin tot.
Sie:	**SORTIERT WAS**
Er:	Elga, Liebling – ich bin tot.
Sie:	**BESCHÄFTIGT**
	Ja, mach was draus.
Er:	Das steht hier im Kirchenblatt. Du bist übrigens auch tot.
Sie:	Und du weißt, dass es Viertelvier ist?
Er:	Interessiert es dich nicht, wenn du tot bist?
Sie:	Schatz, da können wir heute Abend in Ruhe drüber reden. Wenn du willst, dass ich dich rausfahre, dann mach dich jetzt fertig.
Er:	Wir sind mitten aus dem Leben gerissen.
Das:	**STEHT IM KIRCHENBLATT**
Sie:	Willst du jetzt zu dem Ornitologen oder willst du nicht zu dem Ornitologen?
Er:	Weißt du, wer alles trauert?
Sie:	Du machst mich verrückt.
	BRINGT DIE HEMDEN WEG
Er:	Die Sembachsche! Die hat das geschafft – die steht hier unter den Trauernden. Selma Sembach.
	Und dein Bruder! Wenn der trauert, dann musst du wirklich tot sein. Bevor der ein Gefühl loslässt, der sichert das doch dreimal ab.
Sie:	**KOMMT ZURÜCK**
	Steht da, woran wir gestorben sind?
Er:	**GUCKT NOCHMAL NACH**
	Plötzlich und unerwartet. Mehr nicht.
Sie:	Fein. Ist dir in letzter Zeit was aufgefallen?
Er:	Was?

Sie:	Hast du irgendwie nicht aufgepasst? Ich meine, die schreiben das doch nicht grundlos da rein. Zeig mal.
Er:	Ich bin tot. Irgendwie muss ich mich erst mal umstellen.
Sie:	**LIEST, IST BEEINDRUCKT**
Er:	Wenigstens habe ich dich nicht zurückgelassen. Obwohl – wir wären aus dem Gröbsten raus. Die Versicherung ... Schatz, hast du die Versicherung bezahlt?
Sie:	Ich brauch einen Whisky ... Ja, hab ich.
Er:	**HEBT DIE HAND – WILL AUCH EINEN**
Sie:	Ich sag dem Ornitologen ab. Oder willst du da jetzt noch hin?
	AB – WHISKY HOLEN
Er:	Einen Doppelten.
	NIMMT DIE HAND RUNTER
	Du brauchst nicht abzusagen. Du bist tot.
Sie:	**KOMMT ZURÜCK – MIT WHISKY**
	Richtig.
Er:	Ich sag doch – wir sind aus dem Gröbsten raus.
Sie:	Und ich hab der Wäscherei gesagt, ich brauch die Hemden dringend, also – spätestens heute ...
Er:	Der liest doch auch das Kirchenblatt.
Sie:	Aber es sind auch nur noch zwei da.
Er:	Der hat meinen Termin längst irgendwie anders besetzt.
Sie:	Von den weißen, ansonsten hast du noch hellblau.
Er:	Der setzt sich doch nicht hin und trauert die Stunde.
Sie:	**HEBT DAS GLAS**
	Auf die Gesundheit.
Er:	Der nicht.

Sie:	**STOSSEN AN**	
Sie:	Gut, dass wir Wilfried jetzt in dem Internat haben. Dem wird das ja recht kommen. Der will in den Ferien ja auch nicht zu uns. Ach Schatz. Jetzt sind die Kinder schon fast erwachsen und wir sind tot.	
Er:	**SCHENKT NACH**	
Sie:	Er ist jetzt in dem Alter. Jetzt kann er seine Eltern nicht gebrauchen, das ...	
	SUCHT WORTE	
	Das hemmt ihn. Das stört seine Entwicklung. Das macht ihm seine ganze Pubertät kaputt. Doch. Ich glaube, für Wilfried ist das ... Das wird irgendwas in ihm wecken.	
Er:	Das ist ein komisches Gefühl. Wenn man plötzlich nicht mehr zum Ornitologen muss.	
Sie:	Und Katrin hat das Geschäft.	
Er:	Also, wenn du jetzt tot wärst und ich nicht – das wär gemein.	
Sie:	Katrin kümmert sich.	
Er:	Dann muss ich die ganzen Formalitäten und den ganzen Kram ... Aber so, mit dir, da kann ich mich gewöhnen.	
Sie:	Es kann uns ja eigentlich egal sein. Ich hab jetzt schon gedacht, ob Katrin das alles schafft, und dass ich sie gleich mal anrufe. Aber dann denkt sie wieder, ich trau ihr das nicht zu. Und dass ich sie bevormunden will.	
Er:	**SCHENKT NACH**	
	Ein kleines, schönes Grab – da sollen die nicht viel Geld für ausgeben, das ist Quatsch.	
Sie:	Zu Usedoms gehen wir dann aber auch nicht.	
Er:	Niemand kann uns zwingen. Und das neue Kleid kriegst du trotzdem!	
Sie:	Jawohl!	
Sie:	**STOSSEN AN**	
Sie:	Jetzt fängt ein neues Leben an. Wir verschenken deine Hemden an die Wäscherei. Wir holen die einfach nicht mehr ab!	
	Ob die mit den Nummern klarkommen? Aber wenn die nachdenken. Bei sieben Nummern, das können ja nur die Wochentage sein. Und die besten sind für sonntags, die Eins – also muss die Zwei der Montag sein. Da kann man hinterkommen.	

Er:	Weißt du, was ich möchte?
Sie:	Wir haben jetzt Zeit.
Er:	Das Begräbnis. Da möchte ich dabei sein.
Sie:	Und dann regst du dich wieder so auf. Du weißt doch, wie genau du bist. Dann ist ein Sargträger Zweimetereins, die anderen Einssiebzig …

BRINGT DEN WHISKY WEG

Er:	Da möchte ich Mäuschen sein. Schatz, hast du die Telefonnummer von Günther? Der hat doch damals Elisabeth die Adresse gegeben. Von dem Bestattungsunternehmen. »Die letzten Lieben« oder so.

BEGREIFT

Ich bin tot. Ja …

STEHT AUF, GEHT ZUM FENSTER

Ein schöner Tag. Hab ich noch gar nicht gesehen heute. Die Sonne scheint.

Ein schöner Tag.

DER TOD SPIELT VERSTECKEN

1 2 3 4 5 6 7 8 9 10 ...

Wo bist du?

Ha! Der Tod schlägt an. Erwischt! Herr Meyer hat sich hinter einer Lebensversicherungspolice versteckt. Da guckt doch der Tod als erstes!

Klaus ist raffiniert. Der Tod läuft vorbei, er sieht ihn nicht.

Nein, Klaus ist nicht raffiniert. Er hat sich verliebt. Jetzt könnte er rauskommen aus seinem Versteck und sich freischlagen. Aber Klaus spielt gar nicht mit. Vielleicht später wieder ...

Frau Bersebruck! Das reicht nicht, nur die Gesichtsfalten.
So lange der Hals nicht gestrafft ist ...

Erwischt. Gefunden. Angeschlagen.

Anneliese! In einem Werbespot. Da kommt der Tod nie drauf. Anneliese schlägt sich frei.
Sie darf sich das nächste Mal wieder verstecken.

Wo ist René? Der Tod wird ungeduldig. So lange wollte er nicht suchen.
Das letze Mal: Herr Peters. Hat die Augen zugemacht und gesagt: »Es tut mich nicht geben.«

Das hat funktioniert. Wo ist René? Die wunderschöne René? Da kommst du nicht drauf, Tod.
Findest du nie. Gib ein Zeichen ...

Gibt sie doch! Hörst du nicht? Da! Zwischen den Schläuchen, der Rest Mensch zwischen den Geräten – die wunderschöne René ... Guck doch, Tod! Guck!

Der Tod gibt auf. Neues Spiel. Herr Meyer muss suchen. René ist nicht dabei.
René ist aus dem Spiel.

Jetzt versteckt sich der Tod. Es geht weiter ...

1 2 3 4 ...

MIT DIR

EIN LIED

Es wohnt in dir ein Zauber
Dem ich nicht entrinnen kann
Du machst die Küche sauber
Und ich klopf ganz leise an

Dein Lächeln schmilzt die Sonne
Du hältst mir den Abfall hin
Auf meinem Weg zur Tonne
Weiß ich, dass ich glücklich bin

Der Abend naht, der Hund ist still
Wir schauen Television
Und ich weiß, dass ich eins nur will
Und das besitz ich schon

REFR.: Mit dir will ich zum Grabe geh'n
Auf ewig alle Zeit
Will treu dir zur Seite steh'n
Im Kummer und im Leid

Mit dir soll sich die Erde dreh'n
Mit dir ist Sicherheit
Mit dir will ich zum Grabe geh'n
Auf ewig alle Zeit

Ich habe dich gefunden
Als die Welt so dunkel war
Wir haben uns gebunden
Und jetzt sind wir für uns da

Dein Lächeln taut den Kühlschrank
Du hältst mir den Abfall hin
Schon so lang weiß ich, dass ich glücklich bin   (2x)

Der Morgen naht, der Hund ist still
Wenn du zur Arbeit fährst
Dann weiß ich, dass ich eins nur will
Dass du bald wieder kehrst

REFR.: Mit dir will ich zum Grabe geh'n
Auf ewig alle Zeit
Mir dir soll sich die Erde dreh'n
Im Kummer und im Leid

Werd' treu dir stets zur Seite steh'n
Und ist es einst so weit
Mit dir will ich zum Grabe geh'n
Auf ewig alle Zeit

Mit dir will ich zum Grabe geh'n

KLEINE SCHAFE KLEINE SCHAFE DILEMMA DILEMMA

SCHÄFERS LIED

KEINE ANGST

Keine Angst

Das Dunkel
Daraus Traum sich spinnt

Die Heimstatt Nacht

Endlich sind
Wir angelangt

Nach all der Zeit
Der Wanderschaft

Schwach geworden
Die Kraft erkrankt
An Leben

Hat gedauert

Fertig nun
Nicht getrauert
Angefangen

Letztes, größtes, tiefstes
Träumen

In der Todesnacht zuhaus

Nichts verlangen
Nichts versäumen

Und das Wechselspiel ist aus

Keine Angst

Der letzte Schlaf
War schon immer Wirklichkeit

Wenn das Leben ruhen darf
Dann ist

Träumezeit

Angst?

Doch nur die eine
Dass da niemand um mich weine

Solang möcht ich, muss ich leben
Bis die Liebe Ruhe gibt
Bis die Liebe Ruh gegeben

Niemand mehr, der mich noch liebt

LEBEN

131 →

ESSEN UND SEIN

MEISTER UND SCHÜLER, WANDELND DURCH EIN FELD OHNE WEIHER.

Schüler:	Meister … Was ist das Leben?
Meister:	Das Leben ist das Leben.
Schüler:	Meister … Was ist das Leben dann? Wenn das Leben das Leben gegessen hat?
Meister:	Alle.
Schüler:	Alle?
Meister:	Das Leben ist alle.
	VERSENKT SICH
Schüler:	Meister … Was ist das Leben dann? Wenn das Leben alle gegessen hat? Uns. Mich … Was ist das Leben dann?
Meister:	**TAUCHT AUF**
	Fort.
Schüler:	Fort?
Meister:	Das ist das Leben.
	VERSENKT SICH
Schüler:	Meister … Ist das das Nichts?
Meister:	**TAUCHT AUF**
Schüler:	Wenn das Leben alle gegessen hat … Das Leben hat uns gegessen. Mich … Ist das das Nichts?
Meister:	Schau dich um.
Schüler:	**SCHAUT SICH UM**
Meister:	Siehst du nichts?

BEIDE BETRACHTEN DIE GEGEND.

Meister:	Das Leben ist immerfort.
Schüler:	**BEGREIFT**
	Das Leben ist immer fort.

Meister:	Immerwährend.
Schüler:	Fort.

IM HINTERGRUND VERSTUMMT DER GESANG EINER MÜCKE.

Meister:	Das ist das Leben.
Schüler:	Das Leben ist Nichts.
Meister:	Es hungert. Es hungert nach sich selbst.
Schüler:	Aber es ist Nichts?
Meister:	Es verzehrt sich.
Schüler:	Aber ...
Meister:	**VERSENKT SICH**
Schüler:	Meister ... Das Leben verzehrt sich. Aber es ist Nichts. Was ist es dann?
Meister:	**UNTEN**
	Nach Leben.
Schüler:	**SUCHT DEN MEISTER**
	Meister?
Meister:	**TAUCHT AUF**
	Du verstehst nichts.
Schüler:	Ja ... Nein ...

IM GRAS EINE SPINNE, EINEN SCHWÄRMER IM NETZ.

Meister:	Das ist das Leben. Gib es dem Leben zu essen.
Schüler:	Nichts?
Meister:	Das Leben verzehrt sich. Nach Leben.
Schüler:	**RINGT**
	Leben nach Leben.
Meister:	Immerfort.

Schüler:	Alle?
Meister:	**LÄCHELT**
	Warum lässt du das Leben hungern?
Schüler:	**VERZWEIFELT**
	Aber ...
Meister:	**ERNST**
	Das ist das Leben dann.

EINE SCHWALBE NAHT.

Meister:	Das Leben hört nicht auf, immerfort zu sein. Wenn du nicht bereit bist, das Leben zu speisen. Essen und Sein.
	Unsterblich ist der Mensch, der sich nicht verzehrt.
	VERSENKT SICH
Schüler:	**VERSTEHT**
	Ich verstehe nichts. Damit speise ich das Leben. Es ist Nichts. Mein Nichts. Das ich verstehe.
	Meister ... Ist es das?
Meister:	**BLEIBT UNTEN**
Schüler:	Aber ...
	AM RAND
	Wie kann das Leben Nichts essen?
Meister:	**LIEBEVOLL**
	Schweig.

WEITER HINTEN EINE GLEISANLAGE OHNE ZUG.

Meister:	**TAUCHT AUF**
	Sieh dort die Schlange.

	Sie versucht sich selbst zu verspeisen. Sie scheitert. Es ist der Mund, den zu essen ihr nicht gelingt. Was wir brauchen, uns zu ernähren, können wir nicht mit demselben verschlingen.
	Das ist Hoffnung. Es wird immer etwas übrig bleiben, an das zu essen wir nicht gelangen.
	Das ist das Leben.
Schüler:	Das Leben ist … Hoffnung?
Meister:	Bis es endet sich zu verzehren. Nach Leben. Und hat es nicht vermocht.

RUHEVOLL DAS LAND.

Schüler:	Meister … Das Leben ist nicht Nichts?
Meister:	**SCHWEIGT**
Schüler:	Meister?

EINE ÄHRE BRICHT IM SOMMERWIND.

Meister:	**LÄCHELT**
	Nichts hat keinen Mund. Nichts kann nicht daran scheitern sich zu verzehren. Nach Leben.

DIE SCHWALBE FLIEGT.

Schüler:	Danke, Meister.

DIE RABEN

EIN LIED

Wenn ich einmal tot bin und kalt
Der Körper müde und alt
Oder jung – das, was geschah
War nicht das, was erwartet war

Das Leben ist aus – vorbei
Macht keinen Krach, macht kein Geschrei

Gebt meinen Körper den Raben
Dass die Raben was zu nagen haben
Fleischstückchen, die sie ihren Kindern bringen
Und dazu sollt ihr Choräle singen

Meine Augen, mein weißer Nacken
Darin sollen die Raben hacken
Gebt mich den Raben, dass sie was haben
Dass sie was kriegen, worauf sie fliegen

Bloss kein Entsetzen, wenn sie sich setzen
Ihr sollt mich nicht verbrennen, nicht vergraben
Gebt meinen Körper, gebt ihn den Raben

Nasenspitze, kleiner süsser Daumen, geöffneter Mund
Ein Stückchen vom Gaumen, Wangenfleisch

Und singt, singt Choräle!

Der eine Rabe hackt die Kehle
Der andere hackt in das Bein ein Loch
Und ihr singt, ihr singt immer noch

Wenn ich tot bin, nicht mehr am Leben
Sollt ihr mich den Raben geben
Brust und Bauch und dicker, fetter Zeh
Einer Leiche tut das nicht weh

Vergesst, dass es mich gegeben hat
Ich bin tot und die Raben werden satt

So hab ich gelebt und im Tode noch
Hacken mir Raben in das Bein ein Loch
So hab ich gelebt

Ich will, dass ihr mich den Raben gebt

ZUR FRAGE DER ENTWICKLUNG

SIEBEN AUSGEWÄHLTE NOTIZEN

NEULICH

habe ich einen Versuch gestartet. Mit einem Knäuel Wolle. Zur Frage der Entwicklung. Mir scheint, dass das Problem nicht die Entwicklung selbst ist, sondern der Zustand danach. Ich habe in der Folge mein Ergebnis an einem Pullover überprüft. Es stimmt.

Zur Frage der Entwicklung 01

DAS ERQUICKLICHE

einer jeden Entwicklung erfahren wir bereits in frühen Jahren – auf dem Wickeltisch. Dann aber packt unsere Eltern der Ehrgeiz und sie lehren uns den Toilettengang. Wir reifen zu einem Mitglied von Gesellschaft, übernehmen die Verantwortung für unsere Notdurft. Wir lernen, Entwicklung zu vermeiden, aus Rücksicht.

Zur Frage der Entwicklung 04

ENTLARVT

sind wir ein wunderschöner Schmetterling. Oder wir entpuppen uns. Als ein schwarzer Käfer, eine Motte. Manche Menschen erleben als Larve eine Zeit des Glücks, der Anerkennung und Zuversicht. Dann entwickeln sie sich.

Zur Frage der Entwicklung 12

DAS LEBEN

ist ein Geschenk. Wir packen es aus. Das ist Entwicklung. Mit dem Risiko, dass wir die Verpackung entfernen und erhalten, was uns nicht gefällt. Dann stellen wir das Leben in eine Ecke. Oder wir warten eine gute Gelegenheit ab und schenken es weiter. An jemanden, von dem wir denken, dass er es brauchen könnte.

Zur Frage der Entwicklung 17

WENN

wir zu Engeln werden. Und alles ist gut. Wir sind am Ende – in der Sprache der Fotokunst: Wir haben uns entwickelt, nun folgt ein ewiger Diaabend. »Schau, das waren wir! Da – mit Hertha am Kamin. Könnte ich davon einen Abzug haben?«

Zur Frage der Entwicklung 19

DREI
GEHEIMNISSE

bergen das Wesen der Entwicklung. Die Liebe, der gleichwie Schönheit und Zerstörung folgen, dann das Alter, wenn es seine Antworten zu Fragen verliert, und zuletzt die Ewigkeit. Nur soviel weiß ich sicher: Am Ende waren wir ein Pullover, und können nun zu Strümpfen werden.

Zur Frage der Entwicklung 28

WIE

soll ein Mensch bestehen, der die Liebe nicht kennt? Ihm fehlt jedwede Versöhnung mit Hoffnung, die keinen Vorteil birgt.

Zur Frage der Entwicklung 234

WEH ZEH

EIN SCHMERZENDES FUSSGLIED

BÖSIGKEIT

Mensch, willst du mal böse sein
Kauf und wärm dir ein Baguette
Nimm ein Messer, schneid es ein

Lege auf ein hölzern Brett
Die zwei Hälften lachend drauf
Eine, die beleg mit Huhn
Schneide dir zwei Eier auf
Leg sie auf die and're nun

Gib noch etwas Ketchup bei
Der dann von den Seiten rinnt
Beiß hinein – ja, Huhn mit Ei
Das ist wie Mutterfleisch mit Kind

MÜTTER CHENS WORTE

Ein Leben, es geht so schnell dahin
Die Suche nach Glück
Die Frage nach Sinn
Warum ich lebe ...? Wer ich bin ...?

So schnell vergeht uns Jahr um Jahr
Und dann heißt die Frage: Wer ich war ...

Schau ich zurück
Sehe der Gesichter Glück
Deren Weinen sich zu Lachen gekehrt
Dann war es des Lebens Reise wert

TROST

EIN LIED

Was brauchst du, ist die Gattin erbost
Zieht die Mutter dich an, schlecht behost
Was braucht der Baum, ist er zu sehr bemoost

Was braucht der Mensch in solcher Lage
Und nicht nur am Donnerstage
Es gab Nudeln und du hast dich vollgesoßt

REFR.:   Was braucht der Mensch, der Mensch braucht ...   Trost!

Wenn du dich fühlst wie 'ne Sardine, eingedost
Und du hast so bös das Knie dir angestoßt
Du möchtest weinen, doch der Hals ist zugekloßt

Was braucht der Mensch in solcher Lage
Und nicht nur am Donnerstage
Dass er freundlich bleibe ... Dass du nicht verrohst

REFR.:   Was braucht der Mensch, der Mensch braucht ...   Trost!

Was braucht der Geist, auf englisch: Ghost
Weil er tot ist ... Na ja, almost
Ob in Dortmund, ob in Kassel, ob in Soest

Was braucht der Mensch in solcher Lage
Und nicht nur am Donnerstage
Was brauchst du, dass du wieder neu erfrohst

REFR.:   Was braucht der Mensch, der Mensch braucht ...   Trost!

Wenn das Ei dir auf den Teppich fällt – vom Toast
Ob im Westen, ob im Norden – oder ...   Südsüdost
Wenn du rumläufst so als Niete, die das Leben ausgelost

Was braucht der Mensch in solcher Lage
Und nicht nur am Donnerstage
Wenn die Tante kommt und nass dich liebherzt und kost

REFR.:   Was braucht der Mensch, der Mensch braucht ...   Trost!

Z W E I
S A M E

Ein Lusttanz

Die Fremden
Die nun meine Eltern sind
Haben sich vereint

Später verzweit
Da war ich längst im Bund

Das Dritte

Und laufe hingeboren
Als Erinnerung an eine Liebe

S I E
B E N
S A M E

D R E I
S A M E

Ob es eine Schiene gibt?

Der ich zugehöre
Egal, wie ich mich mühe
Die Weichen zu stellen

Ungefragt geboren
Oder ich weiß es nicht mehr

Ungefragt gelebt

Und alles Geschehen
Ist einzig ein Mangel
An Erinnerung?

E I N
S A M E

Nun habe ich erfahren
Dass ich gewonnen habe

Den Wettlauf um ein Leben
Die anderen bleiben außen vor

Hatte ich mich beworben?

War ich gnadenvoll und habe
Von mir unbemerkt zugestanden
Dass ich bereit sei?

Ich bin der Preis
Ich zahle ihn und lebe

VIERSAME

Ich vermag es nicht
Die Zahl meiner Gesichter
Zu fassen

Mich hält und tröstet
Der Glaube an das Eine

Ich sehe
Wie es älter wird

So viele Tage ungeküsst

Mich hält und tröstet
Der Glaube an das Andere

FÜNFSAME

Ich habe entschieden
Mich zu verwirren

Rühre meine Sehnsucht
Bis sie schläft

Will nicht mehr träumen
Gegen die Zeit

Wache wirr

Dann und wann
Ruht ein Entscheiden
Ein fremdes bei mir

SECHSSAME

Wissen rauscht
Ich schütze mich

Indem ich nicht erfahre

Wissen bricht
Ich lasse die Blöße
Nicht zu

Besiege Welt aus Not
Und weiß

Es ist alles gefährdet
Zu sein

SIEBENSAME

Am Ende
Werden die Lichter angezündet

Werden Lieder sein

Beinah gehört
Endlich gesungen

Wird das Herz nicht mehr klagen
Und einverständig
Seine Arbeit beenden

Ungefragt
Oder ich erinnere mich nicht

```
L       E
B   E   N
    L
B   E   N
    L
B   E   N
```

I

Würdig leben würd ich leben
Dürft ich leben dürftig nur
Tät ich leben nur ein wenig
Tätig dürft ich leben stolz

Spärlich leben tätig würdig
Tät ich leben dürftig leben
Würd ich leben spärlich nur
Tät ich leben stolz erhaben

Dürft ich tät ich würde nur
Tätig leben leben dürft ich
Möcht ich mächtig leben ich
Würde leben würdig würd ich

Tät ich dürft ich würdig es
Leben möcht ich tätig leben
Mächtig möcht ich dürft ich
Würd ich leben würd ich nur

II

Weise Weise

Weise Worte weisen Würde – werben mich und weisen mir
Wie es würde, wenn es wäre – wenn es Würde würdig wär

Weise Weise

Trifft mich triftig, trifft daneben, trifft mich voll
Leben leben – Weisung geben, wie das Leben leben soll

III

Lebens wegen es erwägen
Lebenswege wägen wiegen
Leben weg, Lebens wegen
Leben wecken – weck das

Lebenswege, Lebenszweck
Leben leben – Leben weg
Lebensweg und Leben weg
Leben – weck es auf und

weg

Leben leben hin und weg
Lauter Leben, Recht auf
Leben her – Leben leben
Herrlich leben, her das

Leben her – wie das wär
Leben – Herr des Lebens
Herdenleben, Erdenleben
Leben – hin und weg und

her

Her und hin – und Zweck
Zweck und Grund und und
Gleich, egal und gleich
Sinn und Zweck und – da

und Sinn – und Sinn und
Leben – eben! Jetzt und
Sofort und jetzt – egal
sein, hier sein, Dasein

weg

Leben her, nebenher und
Lebenszweck, Lebenssinn
Leben hin und Leben weg
Lebens wegen Leben fort

Leben hin – Leben leben
Leben geben – Leben her
Lebenssinn, Lebenszweck
Weck es, weck das Leben

DIE NACHT

150 →

Ist es dunkel, kommen Sorgen
Kommt der Schlaf, kommt der Morgen
Es wird hell, du bist erwacht

Die Pflichten rufen

Dann kommt die Nacht
Wird es dunkel, kommen Sorgen
Kommt der Schlaf, kommt der Morgen

Es wird Licht, du bist erwacht
Vorbei das Dunkel
Dann kommt die Nacht

Kommt der Tag, kommen Sorgen
Kommt der Schlaf am frühen Morgen
Es wird hell

Du bist müde

Bis zu Nacht und Dunkelheit
Dauert's noch geraume Zeit
Da ist so viel Licht zu schauen
Vor dem Abend, vor dem Grauen

Dann kommt die Nacht
Kommt der Morgen
Kommt der Tag, kommen Sorgen

Die Sonne lacht

Dann kommt das Dunkel
Kommt die Nacht
Du liegst mit deinen Sorgen
Wach

Bis zum Morgen

Bis zu Tag und Helligkeit
Dauert's noch geraume Zeit
Du wirfst dich hin und her
Fragst nicht mehr nach Sinn

Der Hoffnung Wechsellicht
Flackert, aber endet nicht

Bis zur letzten Nacht

Dann wird es ausgemacht
Dann kommt die Erlösung
Kommt das Leben

Wieder musst du dich erheben
Ewigkeit ruft

Und das Gericht
Lautet:

Nacht verdient er nicht
Ebenso das ewige Licht

Er soll sich dem Leben zu Ehren
Noch einmal bewähren

A
C
H

WAS MUSS DER MENSCH OFT GRÜBELN
DER SICH DEM GEDICHTE NAHT
SOLL'S DOCH KEINER IHM VERÜBELN
WENN ER SICH DASSELBE SPART

DREI MAIDEN

Der Tod, er ist kein Senserich
Er kommt als Maiden drei
Die Erste hat 'nen Gänserich
Und einen Topf dabei

Das ist der Erde Todesweib
So sagt man jedenfalls
Das Sterben tötet dir den Leib
Der Topf, der ist für Schmalz

Sie hat ein kleines Lebenskind
Das nähret sie mit Tod
Und streicht, was wir gewesen sind
Dem Kind auf's trock'ne Brot

Und ist dein Leben auch dahin
Ein and'res freuet sich
Das macht dem Sterben guten Sinn
Der Tod verschmalzet dich

Ja, kein Gevatter, kein Skelett
Er kommt als Maiden drei
Die Zweite hat ein Wiegebett
Mit leeren Kissen bei

Das ist der Himmel Todesweib
Die deine Federn sackt
Sie holt die Träume dir vom Leib
Im Tode sind wir nackt

Sie rupft all deine Träumerein
Bis du erblindet still
Sie hat ja auch ein Kindelein
Das nachts nicht schlafen will

Und ist dein Leben auch vorbei
Nun ruht das Kindelein
Auf deines Gestern Träumerei
Und schläft zufrieden ein

Der Tod, er ist kein Bösewicht
Er kommt als Maiden drei
Die Dritte hat ein Kerzenlicht
Und einen Wind dabei

Das ist der Liebe Todesweib
Die das Vergessen macht
Sie holt die Seel' aus deinem Leib
Gibt auf ihr Schwinden acht

Sie hat ein kleines Kindelein
Das dich so gerne mag
Es möchte immer bei dir sein
Drum weint es Nacht und Tag

Die Mutter schützt doch nur ihr Kind
Ist Sorge nur allein
Weil neue Lieben lebend sind
Du musst vergessen sein

Ja, nähre dich und werde fett
Für Schmalz – und träume mir
Die Hoffnung reich für's Wiegebett
Der Kinder dann nach dir

Und liebe viel! Die dritte Maid
Sie trägt zum Licht den Wind
Kommt neuer Liebe schöne Zeit
Wenn wir gestorben sind

SCHÖNER SETRAUM

TRAUM

Ein Eichhorn sagte einem Baum voraus: »Du wirst Papier.«

»Papier?« Der Baum runzelte die Rinde, seufzte: »Und …? Wie lange habe ich noch?«

Er erhielt keine Antwort. Das Eichhorn tat, als habe es die Frage nicht gehört, knabberte fröhlich an einer Frucht.

»Was für Papier? Toilettenpapier? Oder … Geht es, dass ich sagen darf, was ich wünschen würde? Dass ich ein Gedichtband werde? Zum Beispiel.«

Wieder keine Antwort.

»Ach«, klagte der Baum: »Warum lässt Gott das zu? Und was ist mit meinen Freunden, mit den anderen Bäumen?«

Schweigen.

»Sie auch? Aaaah! Wir müssen uns wehren. Ja …! Diese Menschen … Wir werden ihnen die Luft zum Atmen nehmen. Wir sind Bäume, sie sollen an unserem Tod ersticken, ja!«

Das Eichhorn lachte. »Dummer Baum«, sagte es, »es ist längst alles bestimmt. Du wirst zu einer Verordnung werden. So wie deine Freunde. Eine Verordnung, eine von vielen. Und ihr werdet ihnen die Luft zum Atmen nehmen, ja – ihr werdet!«

Der Baum schwieg.

Dann senkte er seine Krone, sprach leise: »Nun ist mir nicht besser. Nein.« Er lächelte traurig. »Wenn ich schon sterben muss … Ich würde lieber ein Gedichtband werden.«

Das Eichhorn sprang davon. Und rief von fern: »Schöner Traum!«

FÜHRWORTE

MEIN ER
ICH
SEIN

DU
UNS ES

KLEINE TIRADE

156 →

Kommt da doch – ich denk, ich spinn
So'n weggeschmiss'nes Huhn
Wie ich grad' am reden bin
Mit der Guderun

Macht auf Mann – macht mich an
Ob ich eine Schorle möcht

Der kam mir recht!

Was ich da wieder Frau war!
Verschwind aus meiner Aura
Sprech ich so ganz gemach
Und dann, dann schieb ich nach:

Du kleines Stückchen Hundeköttel
Räum dich aus dem Weg
Du linksgestricktes Männerviertel
Wenn ich mich erreg

Erlebst du was, erreg mich mal, das willst du doch
Du Sumpfgesicht, du Nasenloch
Du abgebroch'nes Playmobil

Du kriegst 'nen prima Schub getickt
Du kleines Kavaliersdelikt
Du platte Pleite du
Du Mantelpavian

Hast 'nen Hochschulkursus im Baggern mitgemacht
Aber es reicht nicht, um 'ne Schaufel zu halten, wa?

Du mickriges Vorgartenzwergsurrogat
Du Ersatzkrawatte

Kümmer dich erst mal um deine Verkleidung
Dann kannst du immer noch kommen und versuchen
Mir deine Akustik aufzudrücken, du Schnabeltasse

Läuft hier öffentlich rum
Und belästigt mich mit seinem Rambo-IQ!
Da krieg ich doch das dunkle Sausen!

Ob ich 'ne Schorle möcht!

Lieber fress ich Seife
Als dass ich aus der Patschhand ein Getränk nehme

Dieser Mann, das ist doch die Allergie der Zukunft
Der ist doch völlig unterbesetzt
Den kann ich doch intellektuell umzingeln

Mann, du hast das Gesichtsniveau einer Handtasche
Komm her, ich will da mal 'ne Ecke drin rumkramen

Also, wirklich!

DER BARNAHTIME RAUSCH

158 →

EIN SZENISCHES ANAGRAMM

Ara Emu Habicht Sardine
Sardine? Hecht Marabu Ai
Ai Marabu Hasen... Dichter

Drahtchinese Marabu Ai

Ai Huch! Da Smarte Baerin
Traumbaerin Dachs Haie
Acht Haie Rabe Rind Maus

Die Maus Ara Habicht Ren

Barsch Hai Au! Madentier
Au! Smarte Bache Rind Hai
Traumbache! Rind Ai Hase

Bache mit Aura Hase Rind

Ara Ibis Uh! Echte Mandra
Mandra? Sicher. Hai Taube
Da! Riesen-Ai ruht am Bach

Traeumend... Barsch Hai Ai

Ai Ai Huch! Eber am Strand
Rind Maus Bache, aeh... Rita
Bache Martina – Hase Rudi

Eber Martin Hach! Sau Ida

Drache Hansi Taube Mira
Rabe Achim Stare Und Hai
Micha Baer Stare Hund Ai

Bunte Aradame Hirsch Ai

Bunte Damhirsche Ara Ai
Ai Schabe Marita und Reh
Aida! Mit Rebhuhn Caesar

Chimaere Hubisatandra !

Echsenbrut Ara-Mahdi Ai
He! Da! Ai? Ein Traumbarsch
Radar! Ha! Ente im Busch Ai

Hubert? Ai Marina Schade

Ha! Da im Strauch. Ein Rabe
Ha! Ein Baer. Da im Strauch
Ha! Der Baer aus China mit

Stier Adrian am Bach Heu!

Aber... Da im Heu! Anarchist
Ui! Barthaardachs Meine
Tischdame Rabin Hera Au!

Cherie... Hab da in Sumatra

Eine Dachsbraut Irma Ha!
Das Braeutchen Irma...? Hai!
Beute! Dachs... Ran! Irma... Hai!

Made Erna bricht aus! Hai!

Haie der Nacht! Aus Birma
Sicher? Bunte Haiarmada!
Staubdrachenhaie Irma...

Meine Braut Da! Rasch...! Hai

Dramatisch! Haie rauben
Arme Dachsbraut Nie! Hai
Raubte Irma? Schande! Hai

Ach Hai Raubst Irma! Ende

Hai raubte arme Dachsin
Charmanter Dieb Hai aus
Birma Athen Da! Eis Rauch

Sauna Ach? Hai mit Dr. Eber

Trainer Im Badehaus Ach?
Ibisdame... Tara! Huren. Ach?
Harem: Diana Uschi Berta

Mach den Hai sauber, Rita !

Dr. Eber: A- Nicht im A- Haus A
Im A- Bach ist... A- der A- Huren
A- Brunstreich A- Eh! Da im A-

Ute! In der Sahara Im Bach!

Im Bach? Austerndirne! Aha
Dirne Ute im Saharabach
Ute Mira Barsch Diana... He!

Mitra! Die Haube Rasch! Na?

Na? Christi Haube! Da! Arme
Dirne im Bach... Aha. Auster
Ute Rabin Sarah Made... Ich!

Ha! Au! Na! Stricher im Bade!

Du Christ! Eben. Aha. Maria
Heidi Tamara... Bursche! Na?
Rita Ines... Ruhe am Bach! Da!

Reh Aida Tauben im Arsch

Es reicht Mirana daba uh!
Anadaba Mir reicht es Uh!
Abadana uh Es reicht mir!

Barmaedchen Rita sah... Ui

Mir reicht es! Da! Na! Hau ab!
Ran... Ha! Es reicht! Da im Bau
Der Maus! Ein Habicht. Ara...

Acht Aradamen! Ibishure

Na... Hau ab! Marschiert die
Ins Bad Traeum ich? He, Ara!
Da im Bach rast einer! Hau

Ab! Ina! Rauh macht sie der
Hai an. Ach, die arme Brust
Er schindet Maria Hau ab!
Der Satan im Bach! Ai-Hure...

Emu Sarah, Ida... Aber... Nicht!

Hai! Da...! Er brachte Insa um
Brachte Ai Insa um! Ah...! Der
Hai! Rache! – raunt es im Bad

Ibis und Ara Thema: Rache

Hubert: Rache! Siam-Diana
Hai... Und Siam-Berta: Rache!
Emu Star Rind Bache Ai... Ha!

Hau die Matschbirne, Ara !

Haitische Raubmade, ran !
Maus: Tai Chi. Ha! Na, Dr. Eber?
Ich bin der Hamster... Auaa!

Tai Chi! Ha! Sauber! Dramen!

Adebar naht im Eirausch
Mein Ai starb... Rache! Ha, du
Hai, du! Stich. Aa...! Erbarmen

Ha! Stich. Aaa...! Mein Bruder!

Aa... Ein Irrtum! Bah. Schade
Nachrede (Ibis, Martha): Au!
Ruhe. Ach... Stirb, Aida... Amen

Haiebrei und Aramatsch

PO E	ICH
PO E	DU
PO E	ER, SIE, ES
PO E	WIR
PO E	IHR
PO E	SIE

WAS IMMER

Was immer, Mensch, dir widerfährt
Suche Glück, um zu genesen
Der Kluge weiß, dass Leiden lehrt
Glück aber formt das Wesen

Soll niemals enden, was dich schönt
Lass dir die guten Worte sagen
Ich will, dass dich das Glück verwöhnt
Du musst es nur ertragen

Und redet einer, du bist schlecht
Aus Gottes Herz vertrieben
Nein, du bist gut! Gib dir das Recht
Vermagst du dich zu lieben?

Es ist nicht klug, wer Worte spricht
Klug sind allein die Ohren
Verschenke doch dein Träumen nicht
Du bist aus Glück geboren

BEGRÜSSUNG

Komm, geh!

Das ist nichts für dich. Liebe. Roman-tick. Unter Menschen. Das passt nicht. Wer so aussieht wie du und lässt die Hoffnung schwirren ...

Du bist hässlich. Geh nach Haus.

Träume ... Das ist Gift für dich. Schau dich an! Sentimentalitäten. Mit deinem Gesicht sollte man meinen, du wärest klüger. Das macht dich kaputt.

Lie-bääh ...!

Das ist Quatsch, so wie du aussiehst. Wie andere mit Hoffnung das Zimmer verlassen, die Öffentlichkeit betreten ... Du darfst dich nicht vergleichen. Du bist hässlich! Deine seltsamen Schlüsselreize – die Menschen unterhalten sich mit dir. Aus Rücksicht.

Aber du hast Hoffnung, ja? Es könnte ja jemand meine inneren Werte sichten.

Zärtlichkeit. Zusammengehörig ... Heute erlebe ich eine heiße Nacht! Spontane Zuneigung ... Das steht im Widerspruch zu der Ästhetik deines Körpers.

Vergiss es!

Warum belügst du dich? Magst du dich nicht? Du bist hässlich. Das musst du dir klarmachen.

Sehnsucht ... Nach einem Menschen, der mich nimmt, wie ich bin ...

Deine Augen sind schön. Aber sie machen den Rest nicht wett. Du bist ungeeignet für die Leistung der Begegnung. Für Liebe, da hat dir der Herrgott die falsche Währung mitgegeben.

Vergiss Liebe. Komm, geh!

DIE FUSSFALLE

164 →

Träumend, eines Panthers Pranke
Mit des Eisens Bissgewalt
Oder einer Hirschkuh schlanke
Fessel, ihrem wüt'gen Halt

Ausgeliefert, zu verdammen
Sich in einer Dame Bein
Plötzlich federnd einzurammen
Oder auch – es könnt doch sein

Eines schmalen, blonden Knaben
Hüpfefuß – dass er es spürt!
Sich an seinen Schmerzen laben
Am Geschrei, das stiller wird …

Träumend lag im Wald verborgen
Eine Falle für den Fuß
Träumend – jeden neuen Morgen
Da der Sonne Strahlengruß

Nach der Falle Zähne zielte
Durch der Bäume Baldachin
Mit dem Mechanismus spielte
Kurz nur, dass es blitzte, ihn

Zart berührte, und die Falle
War durch das Geblitz enttarnt
Doch sie lachte: »Hast nun alle
Tiere hier im Wald gewarnt

Aber einmal kommt die Beute
Und der Tag wird dunkel sein
Ist egal – und fang ich heute
Wieder mir kein Opfer ein

Ich hab Zeit wie Eisen, Sonne!
Wird schon kommen – ja, ich weiss
Um den Tag, da ich mit Wonne
Mich in einen Fuß einbeiß!«

Und sie träumte – bester Laune
Hörte das Gewisper nicht
Das Gemunkel und Geraune
Hatte längst das Sonnenlicht

Allem Waldgetier verraten
Es liegt eine Falle da
»Meine Kunst, sie lautet Warten
Einmal wird mein Träumen wahr

Ist mir gleich, wie lang es dauert
Einmal kommt ein großes Tier
Still geduldig nur gelauert
Und dann schnippeschnapp ich's mir

Dafür hab ich meine Zähne
Wird vielleicht ein Menschlein sein …?
Eines nur, das ich ersehne
Eines einzig, ganz allein

Eines – ja! Dafür ich lebe
Das ist meine Mordnatur
Dafür alle Zeit ich gebe
Weiß ein einzig Träumen nur!

Dass ich, was ich bin, erfülle
Dafür ich geschmiedet bin
Dass ich meine Sehnsucht stille
Hab nur einen einz'gen Sinn

Frag mich nicht nach Gut und Böse
Was ich fang, das halt ich fest
Dass es sich auf nimmer löse
All sein Blut und Leben lässt …«

Zeit verging … Es war ein trüber
So ein grauer Nieseltag
Und ein Rothirsch ging vorüber
Dort, wo stumm die Falle lag

Achtzehn Enden! Jahre später
Kam er wieder, schon sehr alt
Einer Dohle Warngezeter
Stoppte ihn, er machte halt

Sprach: »Ach ja, hier liegt 'nen Eisen
Mein Gedächtnis, es lässt nach
Nun … Ich werd mal weiterreisen
Wünsch noch einen schönen Tag …«

Zeit verging … Kam eine Bache
Brachte einen Keiler mit
Lockte mit dem Ziel der Rache
Weil er sie betrog, den Schritt

Dieses Schweines hin zur Falle
Aber dann, welch Ironie!
Dass sie seine Sünden, alle
Seine Schweinerein verzieh …

»Ach, ich hab dich doch so gerne«
Sprach sie, und dann mit Bedacht
Haben sie in sich'rer Ferne
Ihren Wildschweinsex gemacht

Zeit verging ... Die Falle träumte
Von so manchem guten Biss
Als ein Fuchsfuß sie versäumte
Schloss sie einen Kompromiss

Denn es war schon Rost zu sehen
Und der Wald war schlecht belebt
Dort, wo Menschen halt nicht gehen
Und auch Tiere ... »Ja, es strebt

Aller Sinn«, so sprach die Falle
»Hin zum Großen, doch die Zeit
Schult das Träumen. Bin für alle
Opfer, auch für die bereit

Die – na ja – es gibt auf Erden
Beute auch von klein'rer Art
Ist halt so. Ein Held zu werden
Braucht es eine große Tat

Braucht es Bären oder Stiere!
Wär's ein Mensch ...! Ich war so stolz
Träume jetzt die kleinen Tiere
Einen Hasenfuß ... Was soll's?«

Geht so schnell dahin – die Jugend
Und das Alter ist bereit
Zu der Demut stolzer Tugend
Dieses lehrt der Raub der Zeit

Ja ... Das ist die wahre Falle
Die sich Hoffnung, Sehnsucht heißt
Wer entkommt, wenn sich die Kralle
Eines Traums in ihn verbeißt?

»Muss nun fanglos hier verrosten
Wär es nur ein Schnepfenbein ...
Ja, ich käm auf meine Kosten
Ich würd' schon zufrieden sein ...«

Zack! Von eines Baumes Krone
Fiel ein Stückchen morscher Ast
Kein Gedanke, ob es lohne
Zack! Schon hat sie zugefasst

Zack! An einem Sonnenmorgen
Ward der Falle Sinn befreit
Endlich! Frei und unverborgen
Stolz, ja – voll Zufriedenheit

Ragte aus des Waldes Boden
Eine Falle! Im Gezähn
Dort verdammt zu tausend Toden
Und es konnt ein jeder seh'n

Litt ein Hölzelein, für alle
Sichtbar – ja, es hat geklappt!
Endlich hat die alte Falle
Einmal richtig zugeschnappt

»Ja, es heißt nur: Lange leben
Dann erfüllt sich auch dein Sinn
Etwas heißt es nachzugeben
Wichtig ist nur, was ich bin

Nicht, was ich an Größe fange
Trat das Glück so oft vorbei
Manchmal braucht es halt so lange
Dann erwacht die Träumerei

Zu der mag'ren, dürren, aber
Immerhin – zur Wirklichkeit
Und der Sehnsucht Sinngelaber
Weiß um seine Eitelkeit ...

»Ja«, so sprach die alte Falle
Unter Müh'n – der Mund war voll
»Meine schönen Träume alle
Wie das Glück sich zeigen soll

Was mir Sinn macht, es war alles
Nur ein einz'ger böser Spuk
Jedenfalls in meines Falles
Fall – es war nur Selbstbetrug

Was ist Glück? Ein Schritt daneben
Zählt nicht! Ja, so ist das oft
Und der Rost lehrt aufzugeben
Was das blanke Eisen hofft ...«

Ups! Ein mächt'ger, feister
Bär – und eine selt'ne Art
So ein richtig schöner Meister
Petz voll Kraft und Jugend trat

Knacks – auf Stöckelein und Falle
Tat sich auch noch etwas weh!
Eine rost'ge Fallenkralle
Ritzte ihn kurz hinterm Zeh

Und die Falle, ach – sie schmeckte
Blut und auch ein wenig Leid
Ja, im Alter noch entdeckte
Sie die Unzufriedenheit

Kein Vergleich mit früh'rer Klage
Neu erwacht der Falle Stolz
Dass sie höchste Träume wage
»Ich will alles! Nicht ein Holz

Ohne Blut und ohne Leben
Schönste Jahre gab ich drauf
Hab ich für ein Holz vergeben
Gott, komm her! Spann neu mich auf!

Ist vorbei …? Der Traum vom Morden
Lebe wohl, du schöner Bär
Ich bin alt, bin zahm geworden
Hab die Kraft zum Fang nicht mehr

Ach, was hatt' ich mir geschworen
Aus! Genug um's Glück gezankt
Hoffnung geht nur dem verloren
Der des Glückes Recht verlangt

Und schon schau ich fest verbissen
Neuem Traume hinterher
Was da kommt, kann niemand wissen
Lebe wohl, du schöner Bär …«

Kam ein Mensch, noch jung an Jahren
Die Falle schlief. »Holldrijo …!«
War ein Kindlein, unerfahren
Zart und jung und lebensfroh

Kam gelaufen. Es passierte!
Knacks. Das Kind, es knickte um
Schrie: »AAaaaah!« Intonierte
Gleich ein laut Martyrium

Und die Falle – ja, sie dachte
Bei dem reichen Schmerzgetön
»Ist ein Traum …« Sie erwachte …
Kinder jammern ja so schön

Können ja so herrlich schreien
Hat den Fuß sich bloß verstaucht
War ein Schulausflug im Freien
Und jetzt kam der Lehrer auch

An der Falle interessierter
Gleich als an dem Kindesleid
Weil historisch engagiert er
Ein Museum alter Zeit

Sich im ausgedienten Stalle
Mit viel Liebe aufgebaut …
Und da hockt sie nun, die Falle
Und wird täglich angeschaut

Hockt in einer Glasvitrine
Ist beschildert … Ja, das war's
Dass sie dort der Bildung diene
Hockt sie sicher hinter Glas

Und man hat den Ast genommen
Fein datiert, wann man sie fand
Scharen kleiner Kinder kommen
Ach … Poliert, neu aufgespannt

Schaut sie zu den Grapschehänden
Schaut mit frischem Fallenblick
Dort an den Vitrinenwänden
All das kleine Gliederglück

Schaut und fiebert, sehnt und lauert
Dass vielleicht es doch passiert
Und das Leben … Ja, das dauert
So als Falle. Renoviert

Mit 'ner Wartung, jeden Monat
Und der Mann, er ist schon alt
Wenn er das Parkett noch bohnert
Vorher – das erschöpft dann halt

Und er ist auch Brillenträger
Sieht nicht gut – mit Staub am Glas
Wenn er putzt, mit einem Feger
Den er auch schon mal vergaß

Mit 'nem Staubtuch ging er rein
Zu der Falle, die …

Na ja …

»Leben heißt geduldig sein
Einmal wird mein Träumen wahr!«